必ず!
報われる勉強法

頭の使い方もスポーツと同じ、
「鍛錬」すれば上達する!

眞上久実
(リトルアメリカ教育センター塾長)

誠文堂新光社

はじめに

本当に行きたい大学はどこですか？

「どんなに自分の成績が悪くてもかまわないから、本当に自分の行きたい大学を言ってみなさい」と言われたら、あなたは何と答えますか？

本心は意外と言いにくいものです。

こんなことを言ったら笑われるかもしれない、という気持ちがあるからです。

しかし、自分の行きたい大学を言うのに何の遠慮もいりません。

思い切って口に出してみてください。

東大ですか？　それとも早稲田、慶應ですか？

実は、もし一年で偏差値を十五〜二十上げることができたら、どんな大学にも合格できると思います。

勉強を本気で始めるなら、一年で偏差値十五アップを目標にすべきです。

多くの人がそんなことはできないと言いますが、実際には可能です。かなり大変なことですが、決して不可能ではありません。

では、ただがむしゃらに勉強を頑張ればいいのでしょうか？

「まじめに頑張れば、きっと合格できる！」

そう信じている人は多いと思います。しかし残念ながら、ただまじめにいくら頑張っても、やり方が間違っていると結果は出ません。

間違った勉強を何年やっても、ダメなものはダメなのです。


私は九州にある「リトルアメリカ教育センター」という塾の塾長をしています。

みんなからはQ先生と呼ばれています。

長いこと塾の先生として、たくさんの受験生と一緒に戦ってきました。地方の小さな塾ですが、これまでに二百人以上を、東大、九大、医学部、早慶上智などの難関校に輩出してきました。大手に比べたら総数は少ないかもしれませんが、合格率では引けを取りません。

世にはすでに勉強法の本がたくさんあります。

しかし、この本で私がみなさんに伝えたい勉強法は、私自身が受験で実践したというだけでなく、二十年以上、生徒と毎日を過ごし、生徒とともにつくりあげてきたものです。

だからこそ、本当にいい勉強方法を求めている受験生の心に届くものであり、受験制度が変わっていく中でも変わらず、多くの生徒を救うものであると信じています。

受験はスポーツと同じ、勝負です。

たくさんの受験生が、自分の人生をかけて、勝利を手にするため、かくれて悔し涙を流しながら努力する姿を見てきました。

だからこそ、どんなときもコツコツ頑張れる人間に対して、私は尊敬の気持ちを抱きます。

どんなに歳の離れた若者であろうと、それは同じです。

そして、そんな努力ができる人には、ぜひ合格してほしい。努力が報われる喜びを味わってほしい、と願わずにはいられません。

だからこそ、頑張る人には、いいやり方をしてほしいのです。

それは、結果を出せる勉強です。

頑張って、頑張って、死ぬほど頑張ったのにダメだったら、「努力なんて意味がない。もう努力なんてしたくない」と誰だって思いますよね。

受験がきっかけで自信をなくし、やる気を失ってしまう――そんな若者をなくしたいのです。

頑張る人には報われてほしい。

そして、その後の人生でも、受験を通して手に入れた『生きる力』を武器に、前を向いて挑戦していってほしいのです。


あなたがどんな勉強法を選ぶかで、あなたの人生も変わります。

今こそ決心してください。

きっとすばらしい未来が、あなたを待っているはずです。

眞上　久実

必ず！報われる勉強法
目次

企画協力：安部毅一
編集協力：山本貴緒
プロデュース：中野健彦
デザイン：黒岩二三
制作進行：岩尾良

第1章

必ず！報われる勉強法 基礎編

まず記憶力を強化する！

1 勉強は〝やり方〟がカギ

──どんなに勉強したって、やり方が間違っていれば落ちてしまう

気にすべきは〝勉強の質〟

もし、あなたがあまり勉強していないのなら、大学に合格できなくても、成績が上がらなくても仕方がありません。しかし、ある程度勉強しているのに成績がぜんぜん上がらない。あるいは希望の大学に落ちたというのなら──これは問題です。

どうしてこんなことが起こってしまうのでしょうか？

それは勉強のやり方が原因です。

多くの人が勉強時間は気にしますが、勉強の質を問題にしません。

学校でも、どれだけ長く勉強したかばかりが注目されがちです。でも、どのように勉強しているのかということを問題にする先生は少ない気がします。

何か物ごとを始めるとき、はじめに何を考えますか？

どうすれば一番効率よく結果を得られるか、ということではないでしょうか。

成績だって同じです。

一番早く成績を上げるにはどうすればいいのかを、まず考えるべきなのです。どんな人も、ある仕事を始めるにあたって、まず何からやるべきかをしっかり考えるはずですし、そこにかなりの時間を費やすのが当然でしょう。

多くの企業も個人事業家も、みんな必死でもっともいい方法はないものかと考えているのです。どうすれば、もっとも少ない労力で効果が上がるのだろうと、それこそ全身全霊で取り組んでいると言ってもいいと思います。

ところが勉強の分野となると、このような努力について語られることがほとんどありません。というよりもむしろ、効率のいいことをしようとすると、「ズルをしてはいけないよ」と言われることさえあるのです。

たとえば、学生が電子辞書を使うと、「紙の辞書を使いなさい」と言う先生がいまだに多いのです。でも、考えてもみてください。

電子辞書の有効性は、はかり知れません。引くスピードも紙の辞書に比べてものすごく速まりますし、例文を検索する場合にも、紙の辞書よりはるかに使いやすく、豊富な機能が備わっています。軽くて、持ち運びやすいこともあります。

学生はもちろん、教師にとっても、辞書を引く一番の目的は、その単語にどんな使い方があるのかを知ることです。電子辞書の場合、その単語にまつわる例文がいくつもただちに提示されるという機能がついているものがほとんどです。このような機能は紙の辞書にはありません。

「紙の辞書を使いなさい」という発言は、自動車、それも電気自動車が走りまわり、水素自動車が市販され始めている時代に、馬車を使いなさいと言っているのと同じことではないでしょうか？　勉強について、私たちがいるのは、残念ながらまだこのような旧態依然とした世界であるということを知っておいてください。

もし、「実は僕もそう感じていた。どうも変だなあと疑問をもっていたんですよ」と言えるとしたら、あなたには救いがあります。

もっとよい方法があるはずだと感じていたのなら、あなたの成績は必ず上がります。

学校の課題はそんなに重要!?

厳しいですが、まず私が言いたいことはこうです。

「学校の課題だけをやっているから落ちるんですよ」

勉強のやり方を変えただけで、一気に成績が上がったという人はものすごくたくさんいます。だから勇気をもって、今やっている勉強方法を変えなくてはなりません。

考えてみてください。学校の課題って、そんなによい勉強方法でしょうか？

もっと効率のよい勉強方法があるのではありませんか？

もし何も考えずに、ただ与えられた課題だけをこなして勉強時間を増やせば成績が上がるのだと思っていたら、あなたはとんでもない間違いを犯しています。

多くの生徒が、成績が落ち始めたとき、「課題をきちんとやっていないから成績が落ち始めたんだ」と考えます。そしてご両親からも、「最近はあまり課題をやっていないんじゃないの、だから成績が落ち始めたんじゃないの」と言われたりするでしょう。

また学校でも、「学校の出している課題さえしっかりやっていたら、成績は上がります」などと言われます。あなたもまた「そうだ。最近はあまり真剣に課題に取り組んでいない。だから成績が落ちてきたんだ」と納得してしまうかもしれません。

しかし、果たして本当にそうでしょうか?

東大合格者はここが違う

東大に合格したある生徒に「学校の課題はどんなふうにやっているの?」と聞いたことがあります。この質問を聞いて、彼はにやりと意味深に笑いました。

そこで私は、「わかった。十分間の休み時間にやるんだね」と返しました。

すると彼はさらににっこりして、「休み時間はみんなと喋っているんですよ。始業のベルが鳴ってから、先生が来るまでの間にするんですよ。とくに英語の先生は歩き方に特徴があって、スリッパの音が聞こえ始めてからやるんです」と答えたのです。

先生の足音が廊下に聞こえ始めてから課題をおもむろに出して、始めるということですから、おそらく数十秒で課題をやってしまうということです。

この返事には、さすがに私も驚かされました。

もう一人、やはり東大に行った生徒の話をしましょう。彼にも、同じ質問をしたことがあります。その彼が答えるには——課題はすべて学校にいる間にすませる。そして家に帰ったら、自分にとって必要な勉強をするのだと言います。休憩時間か授業時間中に内職して、課題をすませてしまうということです。家では効率よく、自分で計画した勉強をするのだというのです。

この二つの話を、あなたの勉強法と比べてみてください。

おそらくあなたは課題をやるのに、辞書を引いたり参考書で調べたりして一、二時間もかけているのではないでしょうか?

あなたがそんなふうに時間をかけて課題に取り組んでいる間に、優秀な生徒たちは課題などさっさとすませ、自分の勉強をどんどん進めているのです。こんな状況では、あなたがトップの生徒に追いつくはずはありません。

では、まず何をすればよいと思いますか?

あなたと東大に合格できる生徒との違いは、何でしょうか?

それは、課題など簡単にこなせる知識をすでにもっているか否かの差です。

課題を二、三分で仕上げられるような知識をもっているかどうか、なのです。

ということは、あなたはすぐにこの程度の知識を身につけなくてはなりません。

まず、今あなたがしなければならないことは、課題ではなく、課題をこなすための知識の増強だということになります。

ここでもう一人、東大に行った生徒の言葉を紹介しておきましょう。

初めて会った日に、「勉強はどんなふうにやっているの？」というものいつもの質問をしました。

彼はその質問に、さも不思議そうな顔をして、「英語は課題をして、数学も学校で出される課題をしています」と答えたのです。

「えっ、ちょっと待って、学校の課題しかやってないの？」と聞くと、彼はその特徴のある目をくるくると動かして、「課題以外にどんな勉強方法があるんですか？」と聞いたのです。

あまりにショッキングな答えでした。

これが成績のよくない生徒の返答なら、さほど驚きませんが、彼は学校でいつも上位一、二番の成績の生徒でしたから、私としてはかなり意外だったのです。

おそらく彼はそれまで、ただ与えられた課題だけをすませて、自分で勉強のやり方などあまり考えたことがなかったのでしょう。

そこで私が、「勉強のやり方にはいろいろあって、学校が出す課題もそのひとつにすぎないでしょう。どんな方法がもっとも自分に合っているか、一番成績の伸びる方法はどんなものなのかを考える必要があるんじゃないかな」と言うと、彼はそんなことは初めて聞いたし、考えたこともなかったという顔をしました。

「勉強で一番必要なことは覚えることじゃないかな？　覚えて初めて一点が取れるわけだから、課題よりももっと覚えることを主体に考えた方がいいんじゃないのかな」

そう私が言うと、彼は少し考え込んでいた様子でした。

しかし彼のいいところは、いったん理解できたら、その後ただちに勉強方法を変えたところです。効率のよい勉強方法を考え始め、彼なりに明確な結論を出して、その方向で勉強するようになったのです。

このように「わかった」と腑に落ちた瞬間にこれまでの勉強方法をさっぱり捨てて、さっと新しい方法に取り組めることが、成長するためには最高に重要です。

こうした切り替えの潔さが、頭のいい人に共通する特徴であるような気がします。

受験勉強とは入試に出る知識を覚えまくること

その彼が東大に合格した後、開口一番にこう言いました。

「受験勉強とは、入試に必要な知識を覚え、それを忘れないようにすることだ」

さらにその後、彼はこの町で開催された東大の同窓会に招待されて、「最近はこの町からあまり東大に合格しないね」と言われたそうですが、それに対して「もうすこし自由に勉強できるようになったら、もっと多くの人が合格できると思います」と答えたというのです。

たしかに彼の言うとおり、課題などで強制されるのではなく、もっと自由に、自分で考え、自分に必要と思える勉強に取り組める環境があれば、勉強はもっと楽しいものになるはずですし、成績も上がるはずです。

勉強は強制されるからするの？

話を先に進める前に、ちょっと触れておきたいことがあります。それは、人は一体なぜ勉強に打ち込めるのかということです。

答えは単純です。楽しいからなのです。人間は楽しいから、面白いから、勉強するのです。多くの人が勉強はつまらない、やる気になれないと言って勉強から逃げています。それには理由があります。あなたのやっている勉強が課題に終始しているからです。

課題には、どこか「強制的にやりたくもないことをさせられている」というイメージがあります。こうした勉強ばかりをやっていたら、誰だって勉強はつまらないと感じるようになるのです。

人間は強制されて勉強するものではありません。いやいやながら勉強しても、その効果のほどは期待できないのです。おそらく、あなたは課題を仕上げた後、その教材をさっさとしまい込んで、すぐに他のことを始めるに違いありません。

もし好きで勉強していたら、「次はどうなっているんだ？ もっと知りたい。そしてさらにその次は？」と、とどまることなく好奇心を満足させたいという気持ちになるはずです。

楽しい勉強で得た知識は、本当の意味で身についていますから、決して忘れることがありません。あなたの心の底に染みついていくのです。

だからこそ、好きで、楽しくて勉強している、という実感がとても大切なのです。

成績がすぐ上がる勉強をしよう

もうひとつ、勉強が楽しくてたまらなくなる方法があります。

それは、勉強したらすぐに成績が上がる方法です。

もしあなたが勉強を始めて、さっき覚えたことがすぐに試験に出題されて、いい成績がとれたらどうでしょうか？　勉強がものすごく楽しいものになりますよね。

逆の場合を考えてみてください。少しは勉強しているのに、覚えたものはぜんぜん出題されず成績も上がらないとしたら、勉強する気になれないでしょう。第一、楽しくないですし、何のために勉強するのかわからないという気持ちになるかもしれません。

ここではっきりするのは、勉強したら結果がすぐに表れるという勉強方法を即採用するのが大切だということです。

つまり、入試に出題されそうな事項を集めて、片っ端から覚えればいいということ。これこそが、実は先ほどお話しした東大に行った生徒の勉強法と同じ方法なのです。

先生の役割とは何か？

人が勉強するための最大の動機づけは、好きだとか、楽しいという実感です。となると先生の役割も、おのずと明らかになります。

先生たちに要求される最大の技能は、生徒たちにその科目に対する興味をいかにしてもたせるかだと私は考えています。生徒がその科目を好きになって、誰に言われずとも自分でどんどん勉強を進められるようになれば、その時点ですでに、教師としての役割の大半が果たされたと言ってもよいかもしれません。

こんな話を聞いたことがあります。

ある日本史の先生は、古代史を扱う際、生徒が一番面白がる「邪馬台国はどこにあったのか」というテーマを何回かの授業にわたって生徒に話したそうです。

たとえば九州にあったという九州説にはこんな根拠があり……一方で大和説というのもあって、多くの学者たちはこう主張している……などといった話を毎時間話すと、生徒たちは大盛り上がりで食いついてきたというのです。

授業が終わるたびに、生徒の中では九州にあったんだという意見や、大和にあったんだという議論が交わされ、生徒たちは大いに楽しみました。しかし、そのおかげで授業の進みはものすごく遅くなり、一部は端折って進めなくてはならない部分もあったといいます。

さて、このような授業をどのように評価したらいいのでしょう。カリキュラムを重視するような一部の人にとっては、批判の対象にもなる授業かもしれません。

しかし、この授業のおかげで、生徒の多くが日本史に興味をもつようになりました。そして自分から勉強を進めるようになったのです。

私としては、生徒に興味をもたせることこそが先生の仕事の大きな役割のひとつだと思っていますから、この先生はすばらしい先生だと思います。

もちろん、それだけでは十分ではありません。次の段階では試験に出る部分を的確に指摘し、それを徹底的に覚えさせることが必要だというのが私の考えです。

たとえ、どんなに学習指導要領どおりに授業を進めたとしても、生徒が勉強に興味をもたなければ何の意味があるでしょうか。まずは勉強が楽しいと思えるような好奇心の種を生徒の心にまくことこそが、授業の役割だと思うのです。

教科書に出ていることをそのまま説明するようでは、生徒からだって「これじゃあ、授業に出なくても、教科書を読んでいれば十分じゃないか」と指摘されるでしょう。そのためにも、先生は「出てよかった」と言われるような授業をしなくてはならないのです。

一個覚えれば一点上がる

勉強とは一体どんなことなのでしょうか？

先に紹介した東大に行った生徒の言葉を思い出してください。

「入試に出る事項を覚え、忘れないようにすることだ」

大切なのは、ひとつ覚えれば一点になるという事実です。

こう言うと、かなり多くの人から、「勉強とは知識ではない、詰め込み教育はいけない」といった意見をいただくかもしれません。たしかに勉強とは覚えるだけではありません。もちろん、問題を解くことも大切ですし、その知識を利用して応用し、人生に活かすために学ぶのです。

しかし、必要な知識を何ももたない状態で、ものを考えたり、その知識を利用して問題を解決したりできるのでしょうか？　答えは、もちろん、できませんよね。ゼロには何を掛けてもゼロでしかないのです。

勉強の第一段階では、必要な知識をまず増やします。そして次の段階で、その知識を利用して問題を解くことになるのです。

こう考えると、勉強には二段階あるということがわかります。

考えてみれば当たり前ですが、このことを理解していない人が実はとても多いのです。勉強には段階があります。この二段階をごっちゃにしてしまうのが、時間ばかりかかるけれど効率が悪く、成績はちっとも上がらない勉強法です。

まずは「知識を増やす＝覚える」が決め手

あなたに必要なのは、とにかくまず必要な知識を増やすということです。これが、すぐに成績が上がる勉強の第一段階だからです。

そのために重要なのが、〝覚えることがうまくなれるかどうか〟。そこで大学受験を目指すみなさんに一番おすすめしたいのが、「短い時間で大量の事項を覚える」という訓練です。

小中学校ではゆっくり時間をかけてもいいから、完全に覚えなさいと言われてきたと思います。小中学校の先生がこのように言うのは、決して間違いではありません。

というのは、高校受験の場合、覚える範囲がとても狭いのです。少ない量の知識を確実に覚え込むのが高校受験です。

そのため先生たちは、「ゆっくりでもいいから、確実に覚えなさい」と言うのです。

ところが大学入試になると、覚えなければならない項目が一気に高校入試の十倍にもなります。ここで要求されるのは、大量の項目を一気に覚える能力です。短い時間でものすごい量の知識をどんどん覚えていく能力こそが、大学入試に必須なのです。

高校入試と大学入試はまったく違う

中学時代には成績がよかったのに、高校になって成績が急速に落ちていくということがあります。これは中学時代の勉強方法を高校生になってもそのまま続けていて、高校の勉強が何たるかを理解していないためです。

実は、私自身がまさにそうでした（42ページの休憩コラムを参照）。

考えてもみてください。大学入試に必要な知識は、高校入試に必要な知識の十倍なのですから、たとえ中学ではトップクラスだった生徒でも、その知識は大学入試に必要な知識の十分の一でしかありません。

つまり、高校入試においては、成績が悪くようやく合格した生徒と、トップクラスで合格した生徒との間に、大きな差はありません。高校入試は大学入試に必要な知識量の十分の一の中での競争でしかないからです。

ということは、逆のことも言えます。中学でかなり成績の悪かった生徒も、高校に入ってから大量の知識を短時間で覚える能力を身につければ、高校ではトップクラスに入れるということになるからです。

中学時代に成績のよかった生徒も、大学入試という観点から見れば、ほんのわずかのリードしかしていないということになります。記憶するスピードを上げなければ、簡単に抜き去られてしまうのです。

もう、おわかりだと思います。

希望大学に合格するために大切なのは、記憶力の強化なのです。

合格体験記

山川 一平さん

東京大学
(大分県立中津南高校出身)

わたしは高二になる直前にリトルアメリカ教育センターに入りました。リトルに入ってから先生によく「受験勉強の期間は人生の中で短い期間なのだから、その間は死ぬ気でやりなさい!」と言われていて、勉強に対する熱意が強くなりました。

たとえば、土日は午前中部活がありましたが、それでも十時間勉強することを目標にしました。リトルのテストに合格しようと思うと、毎回結構大変な量を覚えなければなりません。英単語でいうと、高一のとき一日に十三単語ずつ覚えていましたが、リトルに入ってすぐは一日に百単語ずつでした。もちろん最初は到底できそうにないと思いました。たしかにすごく大変でしたが、最終的には覚えたかどうかの確認テストで満点がとれました。

そしてそれだけ多くの量をどんどん覚えていくわけですから、英語の実力が上がっている実感も当然ありました。こうやって速いペースでただただ単語と熟語を覚えていくだけで、英語の成績が一段階グッと上がりました。

勉強法について、私が東大を目指して勉強している中で気づいたことがあります。世の中には「勉強法」と呼ばれるものがたくさん存在します。しかし、勉強することにおいてもっとも大事なこと、というか唯一の大事なことがあると思います。

それは「覚えること、そして忘れないこと」です。

たとえばある日、自分が十時間勉強したとしましょう。集中力も続き、いわゆる質のある勉強をしたとします。しかし、いくら努力したところで、時間がたってから繰り返すことなく、試験の日になって頭に残っていなければまったく無意味なのです。先生からも、大事なのは自分がした勉強を試験当日にどれだけ覚えているかだと言われました。たくさん勉強した！　オレは努力した！　とか言っても、結局は試験当日の自分の能力がどれだけのものなのか、それがすべてなのです。

知らなかったことを覚える、前覚えたことをまた覚え直す、前覚えられなかったことをもう一回覚えようとする、勉強ってそういうものだと思います。「知らなかったことを覚え、以前覚えたことを忘れない」ということはつまり「自分の能力が上がる」ということですから。

そして、今言ったように「覚える」ということが勉強の本質なのですから、勉強というのはもっと自由なものだと言えます。ご飯を食べたり歩いたりしているときに、ふと最近覚えたことを思い出してみる。覚えたばかりのことだからきっと思い出せるでしょう。ですがこれは覚えたことを忘れるのを防ぐための立派な「勉強」と言えます。机も筆箱も参考書も何もなくても勉強はできるんです。だから勉強する時間なんてつくろうと思えばいくらでもつくれます。

こうやって「覚えて忘れない」ということを突き詰めていくと、自分が案外実のない勉強をしていたのに気づきます。一例を挙げましょう。

わたしが高校生だったころは学校の決まりで電子辞書を使うことが許されず、入学時に紙の辞書をいくつも買わされてそれを使うことを強制されました。しかし紙の辞書が電子辞書に勝る点は何ひとつありません。

第一に引くスピードが圧倒的に電子辞書の方が速く、労力も少なくてすみます。第二に電子辞書にはたくさんの辞書が集約されているから、英語の勉強をしていて日本語でわからないことがあった場合には、広辞苑や国語辞典を使えるし、他にも物理、化学、生物、日本史、世界史、地理など何か疑問が生じたときにすぐに調べられます。これを紙の辞書でやろうと思うとつねに十数冊ほどの紙の辞書を持ち歩かなければならず、経済的にも体力的にも精神的にもむずかしいでしょう。

このような事実があるにもかかわらず、学校では紙の辞書こそが正義で電子辞書は悪だという風潮がつくり出され、何か宗教的な感じすらしました。今の勉強のやり方がよいのか悪いのか、自分自身でよく考えてみればわかることです。

「勉強しているのに、努力しているのに、成績が伸びない」という状態は最悪ですから、どんどん覚えてそれを忘れないことを意識することで「努力しただけ成績が伸びる」という状態をつくることをおすすめします。

② 頭は練習すれば〝うまく〟なる

頭を「うまく」しよう

多くの人が頭は「いい」と言います。そして、野球やテニスは「うまい」と言います。

このような言い方をするのは、スポーツなどと違って、頭は練習してもうまくならないという気持ちがあるからです。

果たして、頭は「うまく」ならないのでしょうか？

いいえ、頭もうまくなります。

では、どのようにしてうまくなるかと言えば、やはりスポーツと同じです。ただひたすら練習することによって、「うまく」なるのです。

人間のもつ機能は頭のてっぺんから足の先まで、練習によって向上しないものはありません。人間のもっているあらゆる能力は、練習すれば必ずうまくなる、向上するようにできています。

このことは多くの分野で実証されています。

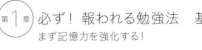

私の父の友人の話なのですが、ある時期、太り気味で少し体重を減らしたいという理由で、医者に勧められて走るようになりました。もともとその人は、どちらかといえば知的な遊びが好きなタイプで、運動が得意だったことはないそうです。

そんなわけで、はじめは一キロも走れなかったのに、毎日続けるうちに、五キロ走れるようになり、それが十キロになり、最終的にはフルマラソンを走ったというのです。

これはすごいことです。一キロをようやく走れるか否かという人が、二、三年練習するうちに四十二キロを走りきったというのですから、当初の能力が四十倍になったと言えるでしょう。

また最近、こんなことがありました。

私の友だちが、やや恥ずかしそうに「あまり他の人には言えないんだけど、実は最近バイオリンを始めたんだよね」と言うのです。大人になってから始めたのでは上手にはならないと思ったけれど、以前からどうしてもやってみたかったので、思い切って始めたそうです。

すると、楽しくてたまらず、一日に何時間も練習してしまうというのです。

しかし、あまりに弾きすぎると弦を押さえる指の皮膚が切れて痛くて続けられなくなるそうです。それでも弾きたくて弾き続けると、その皮膚がポロポロとはげ落ちて、その下から新しい皮膚が生まれます。その新しい皮膚は前よりも強く、弦を押さえても決して切れたりせず、痛みもなくなるのだというのです。

同じような話を以前、ギターを弾く人からも聞いたことがありました。人の皮膚も鍛えれば鍛えるほど、強くなるということです。

また声の音域もそうです。はじめは出なかった高音が、毎日練習をするうちに出せるようになるのもよくあることです。

このように、人のもつ機能が練習することで強化されていくのは明らかです。

もちろん上限には個人差があるでしょうが、頭脳だって同じように鍛練で「うまく」していくことが可能なのです。

頭を「うまく」するには、まず英単語を覚えなさい

頭をうまくするには、どうすればいいか。これはひたすら練習しかありません。

その練習方法が、じつは「覚える」ことです。頭脳の強化の第一歩は、記憶能力の強化から始まるのです。

先にお話ししたように、勉強の第一段階は記憶することでした。ですから、その記憶能力を高める練習をひたすらするのです。つまり、とにかく「覚える」のです。

その練習方法として一番おすすめしたいのが、英語の単語を覚えること。英単語を覚えると、間違いなく英語の成績が上がります。その上がり方といったら驚くほどです。単語を覚えただけで、学年百五十番だった生徒が、一気に二十番になったという話はよくあります。

単語力のおかげで英語の成績が上がる理屈は簡単です。

たとえば、ある英文を訳すとします。その英文の中に知らない単語がない場合――つまり、す

べての単語を知っている場合、仮に文法がわからなくても、英文の意味はある程度理解できるはずです。もちろん細かい意味は、文法を知らなければ判読できないとしても、文章全体の意味はおおまかにくみ取れるでしょう。

反対に、文章中の単語に知らないものがあった場合はどうでしょう。

たとえば一行に一つ、知らない単語があるとします。それだけで、意味を理解するのがかなり困難になるでしょう。英文のだいたいの意味を想像しようにも、ほとんどできません。

ですから、英語を学ぶのに、まず取り組まなくてはならないことは、単語を覚えることだと断言してよいと思います。

単語をある程度覚えてしまうと、英語が急にわかるようになります。しかし、本当に重要なのはこれだけではありません。単語を覚えることで英語の成績が上がるのは当然ですが、それ以上に大きなメリットがあります。

記憶力そのものを即強化できるということです。これは英語だけでなく、他の科目の成績アップにもつながります。

一日百個以上が原則

ただ、記憶力の強化につなげるためには、大事なポイントがあります。

一般的に、高等学校でやっている単語テストの範囲は一日二十個程度ですが、残念ながらこれでは記憶力を向上させることにはなりません。記憶力を向上させるためには、英単語を最低でも一日百個以上覚えてください。これがポイントです。

一日百単語というと、多くの生徒は「冗談でしょう？」と言います。でも冗談ではありません。実際にやってみてください。あなたにも必ずできます。私のところに来た生徒で、一日に百単語覚えられなかった生徒は、ほぼいません。

大切なことは、その人のもつ気迫です。

「どうしても英語の成績を上げなくてはならない。そうしなければ絶対に希望の大学に合格しない」と感じているのなら、可能なのです。その人の思いが強ければ強いほど、多くの単語を覚えられます。

このことは私自身の経験からも言えます。私も一日に二百五十個の単語を覚えました。はじめはとてもそんなに覚えられるわけはないと思っていましたが、これをやらなければ絶対に合格できないと思えたので実現できたのでしょう。

また私の場合は仲間がいましたから、仲間たちに負けていられないぞという気持ちも影響したのだと思います。

千個だって不可能じゃない

実は、一日二百五十どころか、一日で約千個の単語を覚えた生徒もいます。

その生徒は私たちリトルアメリカで出版している単語帳をたまたま本屋さんで見つけて面白そうだと思って買ったそうです。そして覚えるともなく、なんとなく面白いから読んでいたというのです。

この単語帳は「日本一覚えやすい単語帳をつくろう！」と実際に覚える側の生徒がアイディアを出し、それを集めてつくったものですから、生徒にとって当然ながら覚えやすくできています。

私はこの単語帳を勧めるとき、「日本で一番覚えやすい単語帳を使っているのだから、あなたも覚えることでは日本一になりなさい」と檄を飛ばすことにしています。

この単語帳のことについては、また後ほど詳しく説明したいと思います。

話を元に戻しますが、その生徒は単語帳が面白いので出版元を訪ねてみようと思い、「リトルアメリカ教育センター」にやってきました。

話をしているうちに、「じゃあ、僕も覚えてみよう」となり、朝から覚え始めたのです。二百個進むたびにテストをし、八十五点以上を合格として次々進めていきました。

すると、なんと驚いたことに、彼はその日の夜には約千個の単語すべてを覚えてしまったのです。そのあまりのすごさに、彼はみんなから「エクスプレス（急行列車）」という愛称を授かりました。

それから数年して、ある生徒にこの話をすると、その子は「私は毎日五百個ずつ覚える」と言い始めました。

毎日五百個というのは、大変な数です。もちろんエクスプレスくんは千個覚えましたが、五百個も相当なものです。私自身、実は浪人時代に五百個ずつ覚えようと挑戦したことがあります。はじめの三日程度はなんとかできましたが、四日目になると前に覚えた単語と次に覚える単語が重なってしまい、頭が混乱し始めました。

ですから、私は五百個を断念して、毎日二百五十個ずつ覚えることにしたのです。

そんなわけで私は内心、無理かもしれないなと思ったのですが、彼女が「どうしてもやってみたい」と言うものですから、「では、やってみよう」と始めました。

すると彼女は宣言どおり、毎日五百個ずつ覚え、あっという間に高校生として必要な単語を仕上げてしまったのです。

高校三年間で必要な英単語数は約三千個です。毎日五百個ずつ覚えたわけですから、五日で二千五百個ということになります。私の塾では一週間を五日で計算しますから、一週間に二千五百を仕上げ、次の一週間で残りの五百と、はじめの二千五百を見直して、本当に二週間で三千個すべての単語を覚えてしまったのです。

彼女はさらにイディオムを覚え、文法も覚え、また並行して数学も覚えました。

とにかく彼女は覚えに覚えて一気に成績を上げ、九州大学に合格しました。

合格後、彼女の叔父さんが私たちにこう言いました。

「あの子がよく九大に合格したもんだ。一、二年生の頃の成績はそんなによくなかったから、とても九大なんぞは不可能だと親戚一同で思っていたんですよ。これはまさに奇跡だ」

けれども、私たちはほぼ確信していました。一日に単語を五百個も覚えるんですから、彼女なら絶対に合格できると思っていたのです。

たしかに、彼女が私の塾にやってきたのは、三年生になる頃でした。

彼女と初めて会ったとき、「今まで勉強していてなんとなく納得できないでいた。ここに来て自分で長いこと思ってきたことが正しいのだとわかった」と言っていたのが印象的でした。

要するに彼女は、それまでの勉強方法を変えて、自分が正しいのではないかと思い迷っていたことを思い切って実行に移したのです。私の話を聞き、やはり正しい方法はこれだという思いがはっきりしたのだと思います。だから本気でやれたのでしょう。

間に合うかどうかは自分が決める

生徒たちからよく、「間に合いますか？」と訊かれます。

私は正直、この質問には飽き飽きしています。今までに何度訊かれたかわかりませんが、ほとんどの学生たちは勉強を始めると、必ず訊いてくるのです。

でも、間に合うか間に合わないかを決めるのは、あなた自身です。不安になるのは仕方のないことですが、私からすれば不要な心配です。

そんな生徒たちには、いつもこう答えています。

「間に合うかどうかを訊く前に、どうしても間に合わせるのだと決心すればいい」

こうした質問をする生徒は、自分の記憶能力が一気に跳ね上がっていくという実感をまだ得られていないのです。現状の自分のままの延長線上にある将来を考えてしまうのでしょう。

しかし、もしあなたの記憶能力が現在の三倍になったと想像してください。

たとえば、受験まであと六か月しかないと多くの生徒たちが焦っていたとしても、あなたにとってはまだ一年半もあるというようになります。

もし、三年生になったばかりだったら、残っているのはたった一年ではなく、まだ三年も残っているということになるのです。三年も残っているということは、ようやく高校に入学したばかりではないですか。

だから、ぜんぜん焦る必要などないのです。

そのかわりに、「絶対間に合わせる」と決心してください。

記憶力は三倍以上にしなさい

ここまできて、はっきり決心できたと思います。

あなたが今、最優先ですべきことは、課題などではなく、記憶能力を格段に向上させることです。今までの三倍以上にするのです。

またある浪人をした生徒の例ですが、彼女ははじめの三月頃には、二百の単語を覚えるのが精一杯で、他のことなど覚えられないでいたのです。その彼女が夏休みに入る頃こう言いました。

「はじめは単語しかできなかったけれど、今自分の計画表を見ると四つのことができている。はじめから比べたら四倍程度のスピードがついてきたのかもしれない」

私の塾では、週のはじめに、一週間にやるべきことの計画を立てます。毎日何をどの程度覚えるかの計画を立て、週末に一週間分のテストをします。テストは八十五点が合格です。もし、この点をパスしなければ、追試です。

もちろんこの計画は本人と話し合い、やや無理をしなければできないという程度に設定します。この按配が大切です。あまりに簡単すぎると、記憶力の向上にはつながりませんし、あまりにハードすぎると、毎週不合格となり、その結果やる気をなくすことになります。

このように、ちょっとだけ無理をすればなんとかでき上がるという計画を立て、それに従って練習を繰り返し、時間を計ってその時間を短くするような訓練を繰り返せば、あなたの記憶能力は、三〜四倍になっていくはずです。

先日、速読協会の案内書を読んだのですが、驚いたことに私の思っていることとほぼ同じことが書かれていました。

速読とはみなさんもご存じのとおり、本を速く読むことです。もちろん、ただ読むのではなく、読んだ内容を覚えていなければなりません。そうでなければ読んだ意味がないということになります。読んで、その内容を記憶し、他の人にこんな意味のことが書いていたよと説明できなくては読んだ意味がありません。

そういう意味では記憶力と大きく関係していると言えます。

その速読協会の案内書の内容ですが、一般に速読と言えば、一冊の本を二、三分で読むということが知られています。私も最初に、一冊の本を二、三分で読むと聞いて感動しました。

これも私たちが考える、人間の能力は練習すれば必ず向上するということの典型的な例です。

ただ、ここまでの速読ができるようになるのはかなり特殊な例で、通常は読書スピードが四倍程度になるのが目標だそうです。これなら多くの人がなれるということなのでしょう。

私はこの内容を読んで、「やっぱり」と拍手したくなる思いでしたし、私たちの感覚が正しかったと確信できました。

みなさんも、自分の記憶能力を約三倍から四倍にすることを目指すといいと思います。

「じっと続けられること」が最大の能力

このようにお話しすると、自分は生まれつき記憶力が悪いから無理だろうと言う人がいます。

たしかに、生まれつき頭のいい人がいます。すごく記憶力がよくて一回見ただけで覚えてしまうという人がいます。そんな人はラッキーです。両親に感謝しなくてはなりません。

しかし、それはそれでいいのです。「あの人は頭がいいから」と言って嫉妬したり、自分を卑下するのはやめましょう。違いはただの特徴にすぎないからです。

背の高い人もいるし、背の低い人もいます。生まれつき走るのが速い人もいるし、走るのは速くないけれどバレーやテニスがうまい人もいます。

もちろん記憶力のいい人もいますし、そうでない人もいます。多くの人が、「あの人は頭がいい、自分はとてもかなわない。どんなに努力しても、追いつけない」と思って嫉妬します。なぜなら、その違いを最終地点としてしまっているからです。

実は、あなたにとって、そこが出発点になります。

相手は頭がいい——でも、それがどうしたというのですか。

あなたが今から毎日練習すれば、あなたの記憶能力は三倍になる可能性があるのです。あなたがしっかり努力してその能力を勝ち取るなら、何も嫉妬することはありません。

生まれつき要領がよくて、覚えるのがすごく速い人は、えてして努力するのが苦手な人が多いのです。もしあなたが努力できる人になれば、そうした人よりもはるかに成功できるはずです。努力できるあなたの方がすぐれていると納得できませんか?

努力できるということもまた、大きな才能なのです。とすれば、あなたの才能の方がはるかに利点があると思いませんか?

頭がいいかどうかについて、以前、北海道大学の入試問題に面白い論文がありました。その論文によると、知性的であることとそうでないことの違いは、好奇心があるかないかによるのだと言います。

ある人は頭がよくて、もう一方はそうでないという表現をする場合、多くの人は同じ線上で優劣を測ろうとします。一方が上の方にあり、もう一方は下の方にあるように感じるからです。

そのため、頭がよいかどうかは、あるひとつの尺度における優劣だと考えがちです。

しかしその論文では、頭がよいかよくないかは、同じ線上の優劣ではなく、まったく別個の尺度——つまり好奇心があるどうかの違いなのだと言います。

好奇心のある子どもは何事にも興味を示すのに対し、そうでない子は興味を示しません。興味を示さない子は当然ながら知識欲もありませんから、勉強しないでしょうし、成績が上がることもないのでしょう。

多くの学生が「あいつは頭がいいから」と言って嫉妬心を抱いたり、自分とは違うと残念に思ったりしますが、そんな考えは今すぐ捨ててしまった方がいいのです。

もし、あなたが本気で志望大学に入りたいなら、目指すべきは、どんなことがあってもじっと努力のできる人です。

じっと続けられる能力こそが、受験に、そして受験だけでなく、あなたが人生を生きる上でもっとも必要とされる才能です。

努力できる力が身につけば、どんなことだって実現させる可能性が生まれます。

決してあきらめないで努力を続けることのできる粘り強さを手に入れることが、人生でのいかなる夢をも実現させる近道なのです。

だから頑張って、じっと耐えながら単語を覚え続けてください。

必ずその先に光が見えてきます。

休憩コラム　わたしの話

小学生の頃、私はよく勉強する子でした。親から「勉強しなさい」と言われたことは……ないと思います。なぜ勉強していたんだろうと考えると、反抗期を迎えた兄が、親とぶつかり合っているのを横目で見ながら、〝うわー、いい子にしてなきゃ大変だ……〟なんて思ったのが最初だったような気がします。

でも、勉強し始めると、学校のテストではすぐいい点数がとれるようになり、勉強が楽しくなりました。厳密に言えば、勉強が楽しくなったというより、勉強を頑張ると、みんなに認めてもらえることがわかったのです。

それまでの私は、学校で一番足が遅く、運動は何をやってもまったくダメでした。背がひょろひょろと高く、やせっぽちで、顔がかわいいわけでもなく、明るくもなく、目立たない、まじめなことだけが取り柄の女の子でした。でも、勉強ができるようになると、友だちや先生、親、みんなから一目置かれるようになった気がしたのです。係なども進んでやるようになり、積極的にもなれました。

高校入試までは、そのままうまくいきました。勉強していてわからないところがあったら、泣きながらわかるまでやりました。そうしないと、自分の評価が下がってしまう、意地でもやらなければ、と思っていたからです。

父も母も、「頑張れよ、久実ちゃん。がんばったら、きっといいことがある。あなたが頑張るなら、大学までいけるように、お父さんもお母さんも頑張って働くよ」と言ってくれました。〝私の成績がいいと、お父さんとお母さんが嬉しそうだ。よーし、喜ばせてやろう〟と思っていたのです。

私は親の期待に応えようと勉強し、同時にその期待に応えられている自分が誇らしくてたまりませんでした。そして田舎の小さな中学校でしたが、いつも成績はトップで、高校は地元の進学校に進みました。

しかし中学ではトップだった私ですが、高校に入ってからはさっぱりでした。入ったばかりの中学の復習テストでは、学校で四、五番でしたから、〝この高校でこんなに上位がとれるんだったら結構イケてるな♪　大学入試もこの調子でうまくいくかも〟とルンルンでした。

でも、それは幻想でした。あっという間に成績は下がっていき、一年もたたないうちに百番以下になりました。小規模な中学校だったからとはいえ、いつも一番だった自分が三ケタの順位だなんて……とても怖かったのを覚えています。

自分に自信がなくなり、何もかも嫌になっていました。どんどん成績が下がっていく間、全然勉強しなかったのかというと、そうではありません。じっとしていられるはずもなく、ジタバタしました。毎日出される課題を一生懸命こなそうとしましたが、何をやってもちゃんと終わらないまま、とりあえず提出するだけでした。

やってもやってもどんどん下がっていく成績に、どうしたらいいのかわからず、〝やってもできない〟のは嫌だから、〝やらないからできないんだ〟と言い訳をするために、私は勉強するのを完全にやめたのです。

「このままじゃダメだ、こんなはずじゃなかったのに」という自分の気持ちをごまかすために、二年生まではいろいろと遊んで暮らしました。山岳部に入ってみたり（『部室』っていいなあ、と思ったので）、茶道部に入ってみたり（窓からグランドが見えて、かっこいいサッカー部の練習が見えるらしいと聞いて）しました。なんでもよかったのです。とにかく楽しい女子高生を演じられれば、それで……。

しかし、三年生になって実際に大学入試が近づくにつれ、逃げていた私もさすがに、〝どうしよう……〟と思うようになりました。でも、成績は落ちるだけ落ちていたので、どうしたらいいかわからず、ただ焦るばかりでした。中学の頃には応援してくれていた両親も、私の成績表を見て、「もうダメだろうから、無理しなくていいからね。お父さんもお母さんも、そんなにあなたに期待していないから」と言うようになっていました。今考えると、私に負担をかけまいと言ってくれた言葉だったのだと思いますが、その頃の私は〝ついに親にも見放されたか……〟と情けない思いがしました。

そんなある日、友だちの一人が、悩んでいる私にこう言いました。

「久実ちゃん、私が通っている塾に行ってみればいいんじゃない？　そこの先生の話を聞いてみたらよさそう。私が連れて行ってあげる」

そこで、私は心のどこかでずうっと気になっていたその塾に行ってみることになりました。ふつうの塾のように、時間割はこうで月謝はこうで……という話をされるのかと思っていたら、先生はまず、「どこの大学に行きたいの？」と訊いたのです。

私の成績はもう相当悪かったので、「まだ決めてない、わからないんです」と答えました。

その頃、私は進路について悩んでいました。というのも、学校では理系クラスに入って薬剤師を目指していたのです。しかし、数学と理科が好きではありませんでした。親に勧められてなんとなく決めてしまった自分の将来について、楽しくないなあと思っていましたし、そういう気持ちもあって、勉強する気持ちもおこらなかったのかもしれません。

「何かを変えたい、このままじゃ嫌だ」と思っていた私は、初対面なのに、先生方に自分の悩んでいること、どうしていいかわからないし、もう私はダメなんだと思うんだけれど、それが悲しいんです……と泣きながら話をしました。

先生方はそんな私の話をずっと聞いてくれ、好きな道へ進むことの大切さを教えてくれました。親に勧められて医学部に行ったけれど、途中で法学部へ入り直した人の話も聞きました。先生が言うには、「人間は必ず自分の好きな道へ戻っていくもの」だというのです。

勉強を教えてくれる先生はたくさんいるけれど、心の支えとなってくれる先生はそう多くありません。不安な気持ちを抱えていた私にとって、この出会いが人生を変える大きなきっかけとなりました。

人生には多くの出会いがあります。そして出会いが人生を変えることがあります。この塾との出会いは、私にとってまさにそんな出会いでした。

そして、なんとかしたいけれど、どこからどうしていいかわからない私を一番救ってくれたのが「すぐに何もかも全部できなくていい。一科目ずつやればいい」という言葉でした。

このひと言で、私は生き返ったのです。

「そうだ。それなら私でもできる」と思えたのです。

それから、私は逃げることなく、もう一度人生にまじめに向き合えるようになりました。そして勉強を再開し、思いどおりの大学に行くことができたのです。

私は大学を卒業した後、この塾の先生をすることにしました。もちろん請われたということもありましたが、それよりも私のような多くの生徒がなんの出会いもないまま、行きたい大学を諦めて、自分はこんなものだ、仕方ないんだと残念な気持ちでいるのではないかと思ったからです。こうした生徒たちをもう一度、本気で人生に立ち向かわせることができたら――そう思って、私は自分が人生をやり直すきっかけとなった場所に戻ったのです。

今、私があなたに伝えたいのは、こんなことです。

もし考え方を変えれば、あなたには希望にあふれた未来があるのですよ。あなたが単なる夢だと思っていることだって、手に入れることができるのですよ。

だから私と一緒に、未来に向かって歩き出そうではありませんか。

3 誰にでもすぐ真似できる効果抜群の記憶法「シンカンセン記憶術」

まず、単語の意味は一つだけ覚える

「単語の意味は全部覚えなさい」「つづりも覚えなさい」と教える人がいます。

これは本当に単語を覚えた経験のない人が言うことです。

単語を覚えるのは、実は〝出会い〟だと思っています。

そして、その出会いの回数が多ければ多いほど覚えることができるのです。

もし、単語の意味を一回ですべて覚えようとすれば、時間がかかります。おそらく、百個を仕上げるのに、二、三時間もかかるのではないでしょうか。

そうすると二回やるのに四、五時間、三回目はもう疲れていて、できないということになります。

大切なのは、何回も見ることです。何回も出会うことです。

人間がある一つのことに取り組むことができるのは、長くて二〜三時間くらいのものだと思います。これ以上の時間を同じ行為に毎日使うのは、よほどの集中力がなくてはできません。もちろん、このような努力を繰り返した人なら、いつか可能になるのでしょうが、はじめから要求するのは無理です。

あなたたちは今から勉強を始めようというのですから、最大でも二、三時間分の集中力しかないでしょう。

だからこそ、スピードが大切なのです。一つの単語に対して一つの意味だけを覚える、このやり方ならどんなに飽きやすい人でも長続きするはずです。

多くの人は、一日に単語を百個覚えるなんて絶対に無理だと思っています。最初に、この考えを変えてください。無理ではありません。

もちろん、百個覚えるためには、それなりのテクニックが必要です。まずは先にお話ししたように、単語の意味は一個だけ覚える。決して多くの意味を一度に覚えようとしてはいけません。

いいですか？　決してしないでください。自分は記憶力がいいから一度に二、三個の意味が覚えられる自信があっても、決して一度に二つの意味は覚えません。

なぜなら、記憶するには、一つずつ覚える方が効率が断然いいからです。すなわち記憶は、単純な形式で行うのが一番効率的なのです。

記憶は単純化がカギ

ふだん多くの生徒から質問を受けますが、そんなとき、あまりに多くのことを一度に説明すると、生徒は、「ちょっと待って」と言って全部を聞こうとしません。

そして「先生、つまり、これはこれということですか？」と訊いてきます。彼らは単純に理解し、覚えようとしたがるのです。「一度に多くのことを説明してもらっても、すべてを覚えきれない、とりあえず単純に、このことはこうですとだけ覚えたい」と感じているのです。

勉強する人が求めている説明は、「AはBであり、Cもあり得る」といったものではなく、「AはBである」という単純なものなのです。

だから、単純に覚えることができる構造をつくってほしいと要求しています。

もちろん成績のいい生徒は、一度に多くの事項を教えても理解していきますが、まだ勉強があまり進んでいない生徒の場合は、「先生、いろいろ詳しいことではなくて、ワンワードで、これはあれ、とだけ教えてほしい。そうでないと覚えられない」と言うのです。

そんなわけで私の塾では、先生が「ワンワード説明」をするように心がけています。どんなにむずかしいことも一つひとつに分けて、「AはB」とだけ教えるようにしているのです。

勉強は、一回ですべてを理解しようとしたり、覚えようとするものではありません。

まず基本の事項をはっきりと絶対に忘れないように覚え、そこがしっかり定着したら、次の知識に移っていくという方が、実は遠回りのようでいて近道なのです。

この単純化が欠落していると、知識がいつまでもあいまいなままで本番のテストで点が取れない結果となります。

シンカンセン記憶術の極意

以前、生徒に日本史の戦前の内閣と、そこでの事件を記載した表を記憶してもらう実験をやったことがあります。

一時間以内で表を覚えてもらい、すぐにテストをしてみたのです。ところが一時間後にテストをすると、ほとんどの生徒が正しく覚えられていませんでした。ある程度は覚えているけれど、事件と内閣が入り乱れているのです。たとえば大正時代の内閣での事件と、昭和の内閣での事件が入れ替わったりしているのです。

内閣と事件を表にした場合、覚える数はかなり多くなります。これらを一度に覚えようとするのは、かなりむずかしいことなのだとわかりました。

そこで、このテストを二つに分け、まず内閣の順番と事件一つだけ覚えることにしたのです。

すると、生徒は難なくすべてを覚えてしまいました。

次に内閣と二つ目の事件を覚えるように促すと、こちらも簡単に覚えてしまったのです。

つまり、記憶するときには、一つの項目だけをまずは覚え、次にそのことから発生する事件を覚えます。

私はこれをシンカンセン記憶術と名づけています。

一つずつ覚えることで、記憶がより速く確実になるのです。


英単語を覚える場合も同じです。

単語にはふつう複数の意味がありますが、その複数の意味すべてをいきなり覚えようとすると記憶は正確ではなくなり、多くの単語の意味が入り混じって、こんがらがります。

そして、いつまでたっても覚える行為が先に進まないので気持ちが萎え、あげくに自分は記憶力が悪いのだと懐疑的になったりするのです。

そうなると、ますます覚えることが嫌になり、本気で覚えようとしなくなります。こうした悪循環を解消するために、単語の意味はまず一個だけ覚えてください。

たとえばdeliberateという単語を例にとってみましょう。

deliberateの意味はおおまかに言って三つあります。ひとつは「慎重な」という意味であり、もうひとつは「故意の、計画された」という意味。そして動詞では「よく考える、何度も考え直す」という意味になります。

でも、まず一つ目の意味だけを覚えるのです。

「deliberate→慎重な」とだけ覚えます。

要するに、「シン（deliberate）」ときたら「カン（慎重な）」とだけ覚えるのです。その時点

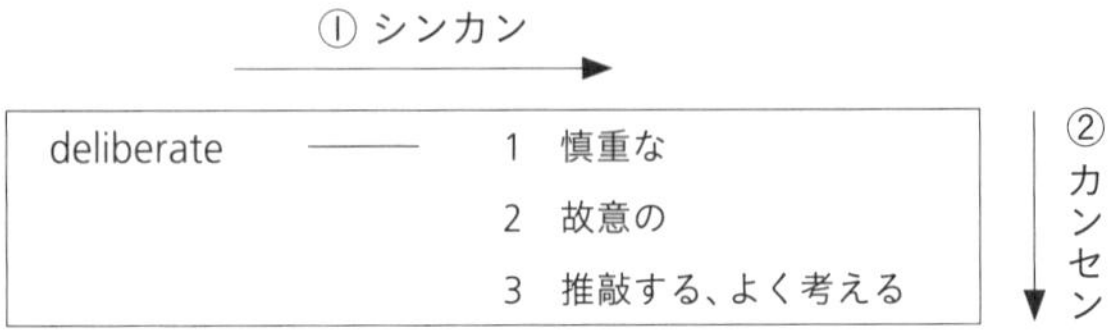

では、「故意の」とか「よく考える」の意味は覚える必要はありません。

とにかく大切なのは、このシンからカンの横線だけを覚えること。

この横線を何度も何度も覚え直し、「deliberate→慎重な」を完全に覚え込んでください。

そしてこの意味を完全に覚えた後、今度は縦線、つまり「慎重な」→「故意の」→「よく考える」と縦線で覚えます。これがセンです。

まず横線、そして縦線、この順番がシンカンセンだというわけです。

いいですか？　これからは必ず、この順番で記憶してください。

シンときたらカン。カンときたらセン。

ただ、間違ってはいけないのは、シンカンセンと続けてはいけないということ。

シンときたら、まずカンで止めます。そのあと、カンからセンを連想させます。

シンカンという言葉の響き――まさにこの響きのように、非常に直接的に、「これときたらこうだ」と覚えるのです。

こうした単純な記憶の形態をつくることが、記憶を確実にします。要するに、忘れにくいということです。まさにこれこそが、みなさんが求めていたものではないでしょうか？

ここまでお読みいただければ、本書の趣旨がわかってもらえると思います。数多く刊行されている教材で主に語られるのは、「どの程度のことを覚えればいいのか」についてです。

でも、「どうすれば覚えやすくなるか」については触れられていません。

その典型的な例が教科書です。

読んでも楽しくないとか、覚えられないという人が多いのは、教科書には、限られたページ数内にこれだけの項目を必ず記述しなくてはならないという制限があるからです。

そのため、どこのページもほぼ均等に文章が書かれていますから、読んでもどこが重要なのかがわかりません。

では、覚えるためにはどうすればいいのでしょうか？　必要なのは、効率的に覚えられるよう単純化された別の教材です。

先ほどの例でもわかるように、「deliberate→慎重な」をシンカンと覚えてしまえば、縦列の「故意の」と「よく考える」は、「慎重な」の延長線上にあると理解できます。だから一番目の意味の記憶を強固にすれば、カンセンである縦列の意味は推測しやすくなるのです。

これは他の教科にも当てはまります。先ほどの日本史を例にとってみましょう。

第二次山本権兵衛内閣とその出来事の表を覚えるとします。次ページの表を見てください。

この場合、シンカンは一番上の横線「第二次山本権兵衛内閣→関東大震災」ですから、この線だけを何度も繰り返して覚えるのです。

① シンカン →

第二次山本権兵衛内閣	——	1　関東大震災
		2　亀戸事件
		3　甘粕事件

② カンセン ↓

そして、この線が絶対に忘れないくらい強固になったら、今度は「関東大震災」から「亀戸事件」「甘粕事件」の縦線に移ってください。

このシンカンセンの流れは、事件内容の連想にもつながります。

関東大震災が起こって多くの人々が家を失い、ほぼ身ひとつで逃げ惑うという状況を想像してみてください。

パニック状態の中、人々がお互いに疑心暗鬼になり、朝鮮人を虐殺したりしました。労働運動家が軍隊に殺害された亀戸事件や甘粕事件も、共通性のある事件だと言えるでしょう。

「第二次山本権兵衛内閣→関東大震災」というシンカンがクリアになっていない段階で、他のことまで覚えようとすると、簡単に記憶が混乱します。「第二次山本権兵衛内閣→金融恐慌」だったっけ？　あれ？　という具合です。

はじめにシンカンだけを覚えて強固にすると、こうした記憶の混乱は起こりません。

次にカンセンに移っていけば、記憶内容が入り乱れたりすることなく、あなたの知識として明確に定着することになります。

発音記号など覚えるから落ちるんだ

ある学校の課題には、単語を覚え、つづりを覚え、さらに発音記号を覚えさせるものがあります。私は生徒に「そんな課題をやるのはすぐにやめなさい」と言っています。

意味をいくつも覚え、綴りも発音記号も覚えるのが悪いわけではありません。でも勉強効率からすると、まったくナンセンスです。

不必要なことに時間をかけているようでは、合格できないからです。

一〇〇時間かけたら、これだけの効果があるという時間対効果を気にしてください。

いくら完璧であっても、時間が異常にかかる方法は絶対に避けるべきなのです。

では、なぜ単語を覚えるのでしょうか？

単語を覚えることで得られる効果は絶大です。単語の意味がわかれば英文の意味がわかります。つまり英文の内容を読み取れるということです。

ところが、発音を覚えても広がりは期待できません。発音がわかったとしても、それは単純に発音問題に正解を出すためのもの——すなわち、一点でしかないのです。

それに比べ、単語の意味がわかることは、長文にも、また文法問題にも有効です。文法問題も、意味がわからなければ点が取れない場合が多いからです。

さらに、発音記号を出題するということ自体が、最近ではやや疑問となっているのではないでしょうか。これほどネイティブの人に接するチャンスが多い中、発音は耳で聞いて覚えることができます。また、電子辞書を使えば発音そのものを聞くことができるのですから、発音記号を覚える必要があるのかは疑問に思えて仕方ありません。

個人的には、発音記号などやめてしまって、カタカナで英語の読みを書き、大方の発音を覚えた後は、耳で聞いて本当の発音を覚えるという方法の方が、より効率的だと考えます。

辞書に発音記号が載っているのは理解できますが、英語の単語帳に発音記号をつける必要が果たしてあるでしょうか？　カタカナで押し通す方がより効率的だと思うのです。

単語の意味は「見た瞬間」に思い出すように覚える

英文を読んでいるときは、単語の意味を瞬間に捉え、書かれている内容を把握していくのがベストです。そのためには、単語を見た瞬間に意味が頭に浮かぶ必要があります。

ひとつの単語の意味を思い出すのに一分もかかっていたら、それまで読んできた内容を忘れてしまいます。実際に読んで実験してみると、すぐにわかります。

英文を読むときには、ある一定の速度で読まなければ文の意味を捉えることができません。英語を読むという行為は、読んだ文を頭の中に残していく作業であり、読んだ文を記憶していくことなのです。

そのためには、一定の速度で読み続けることが絶対に必要になります。ですから速度を乱すようなことは慎まなくてはなりません。それができないと、いつまでたっても英文をすらすらと読めるようにはならないのです。

以前は、と言いたいところですが、残念ながら今でも「辞書を引きなさい」と言う先生がいます。でも、もし英文を読んでいる最中に辞書を引いたら、それまで頭の中で連なってきた英文の意味を、その瞬間に忘れてしまいます。

途中で止めることは、文の大意を一気に忘れてしまうことなのです。

ですから、単語を覚える際には、一瞬にして意味が思い浮かぶようにすることが、英文を読むためにもっともいい方法だと言えます。

辞書は決して引かない

今まで多くの人が辞書を引きなさいと言ってきました。

たしかにある程度の実力がついて来た人にとっては——ある程度単語を覚えている人であれば、辞書を引くのも楽しみのひとつです。辞書を引いていると「こんな意味もあったんだ」とそこに新しい世界が現れて、あっという間に一時間たったりします。

しかし、英文を読みながらこの作業をするのは、並大抵のことではありません。英語力がある人は、一ページに知らない単語は一つか二つ程度でしょうから、辞書を引いてもさほど妨げにならないでしょうが、もし知らない単語が一ページに十も二十もある段階で辞書を引いていたら、一時間の勉強時間のうち、辞書を引く時間がメインになり、「英語の勉強＝辞書を引いているだけ」ということになりかねません。

ですから、単語を大量に覚えてください。辞書を引かずにすむ勉強をするのです。驚くかもしれませんが、辞書は先生が引くものです。教える側の先生が、いつも手元に置いて引けばいいのです。

そして、あなたは先生の解説を聞いて、その単語を覚えていけばいいのです。

第一、あなたが辞書を引いても仕方がありません。あなたの知識では、辞書に書かれている訳語を見るだけで、その使い方などに興味をもてるレベルではないからです。おそらく意味さえわかれば、さっと辞書を閉じ、読んでいる英文に戻るだけのことではありませんか？

また辞書には膨大な意味が書かれていますから、どれを覚えたらいいのかも判断できないと思います。

気持ち的には、この単語のどの意味が一番使われているのだろうかと考えるでしょう。そして一番使われている意味を覚えておきたいと思うはずです。

でも、そのような判断は、まだあなたにはできませんから、せっかく辞書を引いても、意味を見たらすぐに放り出すことになるのです。

とすれば、辞書はやはり先生が引くものだということになります。

先生が引く場合は、ただ訳語を調べるだけでなく、その単語をどのように使うのかを見るはずです。

また「この単語は辞書には意味がいっぱい書いてあるけれど、この二つの意味だけ覚えておけばいいよ」と、生徒が覚えるべき意味を選んであげることもできます。

さらに、ある単語は発音問題に頻出という場合もありますから、この単語の発音はしっかり覚えていなさいと生徒に伝えることもできます。

たとえば「bury」という単語は、発音問題で頻出します。それはこの単語の発音が「ブリー」でなく「ベリー」だからです。「strawberry」の後半の発音と同じなのです。

つづりなんて覚えようとしないでいい

多くの生徒が、つづりは覚えた方がいいですかと質問してきます。

はっきり言います。覚える必要はありません。

つづりなど気にしないでください。気にしないでも何度もやっているうちにだんだんなんとなく頭に入ってくるものです。だから、あらためてつづりを覚える必要はないということなのです。

もちろん、基本のアルファベットは書けなくてはいけませんが、すべての単語のつづりを書いて練習する必要はありません。

手を使わず、目から飲み込め

「単語を覚えるとき、手で書きながら覚えるのがいいですか？」という質問を受けます。

答えはNOです。なぜでしょうか？

「単語を覚えるときは手を使うな」

これが私たちの方針です。覚えようとする場合、これまではとにかく手を使って書いて覚えてきたから、なんとなく書かないと覚えられないと思い込んでいる人が多いのです。

でも、それは一日二十～三十個の単語を覚える場合の話です。

考えてもみてください。毎日百個、二百個の単語をすべて書きながら覚えていたら、手が疲れてしまうでしょう。

そして実は、意外と書くことだけに真剣になっていて、覚える努力ができていないかもしれないという実感をもつ人が多いのです。

以前ある生徒に、単語は書かずに「目から飲み込め」と言って覚えさせていました。するとある日、「先生の言う『単語を飲み込め』という意味がわかってきました」と言うのです。

その生徒いわく、今まで書いて覚えられた気がしていたけれど、書きながら他のことを考えていることが多く、本気で覚えていたわけではないとわかったと言うのです。

一個一個の単語を、飲み込むように頭にぐいぐいと入れていく感じでやると覚えられます。

こうした覚え方はかなり疲れます。それでも、速く、そして多く覚えるという点での効果は抜群です。

手を使わずに覚える練習をしてください。

慣れてくれば、その効果を感じられると思います。

必ず時間を計ろう

「単語が覚えられないんです。どうしたらいいですか？」と相談にくる生徒がいます。

先生から言われたとおり、手は使わずに目から飲み込もうとしているけれど、覚えられないのだと言うのです。

そこで「覚えようとするとき、時間を計ってる？」と訊くと、「時間を計ったりはしていません。覚えるまでやろうと思って、頑張っているんですけど……」

そうです！　問題はそこにあります。

「覚えるまでやるぞ！」という気持ちはすばらしいと思います。でも単語を覚える際は、他のことをするときよりずっと集中しなければなりません。

だからこそ時間を計る必要があるのです。

「よし、今から単語を覚えよう」と思ったら、まず時計を見ましょう。

そして、「何時何分までに、百個覚えるぞ！」「今から四十分で百個覚える！」と、終わらせる時間を具体的に決めてください。

一日に百個や二百個のように多くの単語を覚えようとする場合、必ず終わらせるぞ、という気合いももちろん必要ですが、さらに、時間を計ることが重要です。

そうでないと、「たくさん覚えているんだから、時間がかかって当然だ」という思いが湧いてきて、ただダラダラと単語を眺めているだけになってしまうのです。

ただ、覚える速度は人によって違いますから、もし、百個に一時間半から二時間もかかるようなら、四十五分で五十個、一時間で五十個というように単語の数を減らして、一時間以内に一度チェックを入れるといいでしょう。

そして、ちょっと休憩を入れてから、残りをやるのです。

ある生徒が質問してきました。

「先生、単語は一ページ覚えるのに、どのくらいの時間をかけたらいいんですか？　僕は一ページ覚えるのに三十分くらいかかるので、全然終わらないんです」

それを聞いてびっくりしました。たしかに一ページ（十個）に三十分もかけていては、絶対に終わりません。ですから、こう答えました。

「同じ単語をいくらじーっと眺めていても、覚えにくいものは覚えにくいし、覚えやすいものは一瞬で覚えるんだからね。覚えにくいものは後回しにして、覚えやすいものから覚える。すぐに覚えられなかった単語は、あとで何度も繰り返し見て覚えるんだよ」と。

だからこそ、一日に覚える単語数は多い方がいいのです。

一日に覚える単語が二十個や三十個ほどだと、どんなに覚えにくい単語でもなんとかして覚えなくてはなりません。でも、全体の数が多ければ、相性のいい単語、すっと自分の頭に入ってきてくれる単語から覚えていけばいいのです。

覚えにくいものを、いくらじーっと眺めていても、時間の無駄です。飛ばして他をどんどん覚えていきましょう。もし不安なら、こう考えてください。

一日に百個の単語を覚えるとなると、そのうち覚えにくいものを一割捨てたとしても、残る単語数は九十個もあるということです。ずっと効率的だと思いませんか？

知っておくべき「記憶」の仕組み

あなたにとって、記憶力を高めることが必須であるとわかったところで、ではそもそも記憶とは何かについてお話ししておきたいと思います。

私たちの塾では一年に何度か、記憶の話を生徒にします。生徒から「もう何回も聞いたよ」と言われてもお構いなしです。

それほど基本的な事柄ですから、何度も何度も生徒に話して徹底します。

というのも、受験勉強の初期段階では、記憶がもっとも重大な要素になるからです。

そのため、まず記憶するとはどういうことなのか。そして一番効率のよい記憶方法はどんなものなのかを考える必要があるのです。

実は、私たちの頭の中には、一度見聞きしたことは全部入っているけれども、それを引き出すことができないという説があります。本来は脳の中にあるのに、引き出すことができないために、「覚えていない」「記憶にない」という現象が生じているというのです。

人が生死をさまよう経験をしたとき、生まれてからの出来事が走馬灯のように思い出されるという話はよく聞かれますが、それも同じことかもしれません。

自分では覚えていないと思っていても、実はすべて記憶されていて、ふだんは引き出すことができないだけだということです。

もしそうであるなら、どうすれば、頭の中に入っていることを引き出すことができるのでしょうか。

忘却曲線を知っていますか？　ドイツの心理学者であるヘルマン・エビングハウスが自ら実験をして数値化した、学習と忘却のプロセスを表すものです。

この理論によると、覚えてから一時間後であれば、最初に覚えたときの半分の時間で覚え直すことができる。二十四時間経つと覚え直すのに最初の七割ほどの時間がかかるそうです。

こうした観点で、覚え直すための復習時間は、覚えた一時間後が最適であると考える人が多くいるようです。

一時間後の時点でもう一度覚え直し、さらに二十四時間後にもう一度覚え直すと、その記憶はかなり長期にわたって残り、一週間後に覚え直せばさらに効果的であると言われています。

これが最適な方法かどうかは実証できませんし、また個人個人でも違うでしょう。ただ、この忘却曲線からもわかるように、私たちはそもそも忘れっぽい生き物だということ。

だから何度も同じものに出会って、覚え直すことが大切なのです。

前だけ見て昨日のことは振り返らない

そんなわけで、私も当初は「一時間後に覚え直して、次に二十四時間後に見直すのがいいよ」と生徒に勧めていました。しかしある日、生徒の一人がこう言うのです。

「先生、毎日単語を百個覚える場合、前日の百個を覚え直したあと、その日の分の百個を覚えろと言われても、とてもできません」

彼が言うには、「前の日の百個を覚え直していたら、それで疲れ切ってしまって当日分をやろうという気にはなれない」というのです。

「では反対に、当日分を最初に覚えて、そのあとで前日分の百個を覚え直せばいいんじゃないの？」と返事をして実践するように勧めましたが、その彼が翌日またやってきて言いました。

「無理無理。その日の分をやり終わったら、もう前の日の分をやろうという気持ちはなくなっていて、とてもできません」

この言葉には私も「本当だね」と納得がいきました。

というわけで、現在は次のようなやり方を導入しています。

・毎日、百個覚える。
・次の日は、前日分のことは気にせず、ただひたすら、その日の分だけを覚える。
・一週間後に、もう一度はじめから覚え直す。

この一週間後の覚え直しを終えたら、「週末テスト」を行います。週末テストはその一週間にやったものをまとめてテストするのですが、このテストが非常に重要です。

ただ、ここでは通常、「一週間＝五日」で設定します。一週間を七日で設定することは、ほぼ不可能だからです。

多くの生徒が一週間の計画を立ててうまく行かなくなってしまうのですが、たいてい、それは七日間ずっと覚えるという計画を立ててしまうからです。

しかし実際には、どうしても他の用事があってできなかったとか、やる気がどうしても出ない日などが出てきます。

ですから、「一週間＝五日」に設定して計画を立てましょう。二日間のゆとりをはじめから取っておくのが、計画倒れにならない秘訣です。

一週間を五日にして、毎週覚える単語数を五百にします。こうすると、計画倒れになる生徒が大幅に減ります。

もし、自分は一週間を四日にしたいと思うなら、それでも問題ありません。一週間が四日の計画だったら、四百ずつ進み、週末は四百単語のテストをします。

三日で三百という計画でもかまいません。
自分のできる範囲に設定して、だんだん増やしていくというやり方でいいと思います。

④ 覚える効率を格段にアップさせる絶対テクニック

一時間で百単語は、こう覚える！

一日に単語を百個覚えましょうとさんざんお話ししてきたわけですが、では実際にはどう覚えたらいいのか、ここで具体的に説明していきましょう。

とにかく、記憶は何度も繰り返すことがミソです。短時間で効率よく何度も覚え直すためには、どんな方法がいいのでしょうか。

ふだん実際に生徒たちに伝授しているやり方をお話しします。

【一時間で百個覚える場合】

■一周目

「今日は単語を百個覚えるのに、一時間かけるぞ」と設定したら、その半分の時間である三十分間で百個を覚えていきます。これが一周目です。

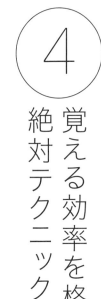

もし「二時間で百個覚える」と設定した場合は、一周目は一時間かけて百個すべての単語を覚えていくということです。

このときのポイントは、

① 単語の意味は一つだけ覚えること。欲張って意味を複数覚えようとしたり、つづりを覚えたりする必要はありません。

② 手を使わず、目で見て飲み込むように覚えていく。そのため英単語と訳語がすぐ隣に並んでいる単語帳が必須です。

■二周目

意味を隠して、覚えているかチェックします。→覚えていないものに印をつけていきます。単語を見てすぐに意味が浮かんでこなければ、まだ覚えていないものとしてカウントします。印がどんなに多くついても、気にすることはありません。

ここで、「覚えていない単語が多すぎる」と感じて嫌になり、「もう一回覚え直した方がいいのでは……」とまた一回目の段階に戻る人がいますが、それはNG。印が多くても気にしません。「百個より減っていれば大丈夫！」くらいの気持ちでどんどん印をつけてください。

■三周目

印をつけた単語をもう一度覚え直します。

■四周目

印をつけた単語の意味を隠して、覚えたかどうかチェックします。やはりまだ覚えていない単語には、印をつけます。

■五周目

三周目、四周目をもう一度繰り返します。

ぜひ、この手順でやってみてください。

単語が記憶に残るかどうかは、とにかく「出会った回数」で決まります。ですから初めて覚えるときには、完璧を目指さないことも重要です。

一回ですっと頭に入ってこないものは後回しにして、何度も何度も見直す方が印象に残ります。目安としては、八十五〜九十パーセントでいいのだ、と考えてください。

百個のうち、十〜十五個が覚えにくくてもふつうです。後回しにしましょう。

覚えなくてはいけない単語は山ほどあるのですから、覚えやすいものから先に覚えればいいのです。

それから、もうひとつ心に留めておいてほしいことがあります。

それは、「覚える速さを人と比べない」ということです。

私の生徒の中でも、同じ百個を覚えるのに、四十五分くらいでさーっと覚えられる人もいれば、一時間半から二時間かかる人もいます。

そして実は、覚えやすい単語帳を使うかどうかも、覚える効率を高める重要ポイントです（単語帳については82ページからも参照してください）。

時間に差が出てくると「あの子と比べて自分は倍以上も時間がかかってしまう。やっぱり頭が悪いんだ……」などと悩み始める人も多いのですが、そんなことで悩む必要はありません。

先にもお話ししましたが、勉強はスポーツと同じですから、練習すれば必ずうまくなります。

ですから人と比べるのではなく、過去の自分と比べてください。

「今日は百個覚えるのに一時間半かかったけれど、明日は一時間二十分で覚えるぞ！」

だんだん速く覚えられるように訓練しているのだ、と考えましょう。

昨日の自分より成長していればいいのです。少しでも速くなっていたら、自分を褒めてあげてくださいね。

「うまく」なれば、楽しくなる

みなさんは、どんなときに楽しいと感じますか？

スポーツにせよ、楽器にせよ、それが楽しくてたまらないなと思うとき、人は何を感じているのでしょうか？

それは「自分はあきらかにうまくなっている！」という実感です。

たとえばテニスを始めて、少しうまくなれたなと感じられると、毎日の練習が楽しくなります。練習中に日が暮れてきて、もう帰らなくてはならない時間になると、「今日はもうできないのか」と、なんだか残念な気持ちになるでしょう。

家に帰って食卓についても、食事はそっちのけで「あのとき、こうすればもっとうまくいったのでは」「明日はこんな練習をしたらどうかな」などと、ぐるぐる考えたりするのです。

そして、夜眠りにつくときまで、ずっとテニスのことばかり考えている――というような経験は、みなさんにもあると思います。

これこそが「楽しんでいる」という感覚です。

単語を覚えて、自分の頭を「うまく」していくのもスポーツと同じですから、毎日練習して、日々自分の上達を実感できてくると、無性に楽しくなってきます。

今日は百語覚えられたけれど、明日は二時間で二百覚えられないか挑戦してみようかな、という具合に、単語を覚えることがまるでゲーム感覚になって、どんどんチャレンジしたくなってくるのです。

だからこそ、時間を計ることがとても大事になってきます。

やり始めるまでは「そんなに覚えられるかな……」と不安になるものです。

でも、はじめてみたら、その感覚は絶対に変わるはずです。だから心配せずに、始めましょう。

やり進めるうちに、自分の記憶能力がどんどん向上していくのを感じられると思います。

そうしたらもう、楽しくなってくるはずです。

前にもお話ししましたが、単語を覚えることは、もちろん英語の成績を上げる特効薬であるのは当然ですが、それ以上に記憶能力を向上させるという効果があります。

この効果を得るためにも、何よりも先に単語を覚える行為に取りかかってほしいのです。

だから、とにかく英単語を一日百個覚えてください。

そして、覚えることで鍛練されるこの能力は、あらゆる科目に応用できるのです。

覚える行為を続けていけば、確実に頭はうまくなっていきます。

どんどんよくなります。

「東大を目指しているあいつにも負けない頭を今つくっているんだ！　すごいぞ楽しいぞ！」

そんなセリフを自分に向かって言ってあげてください。

覚えたことは、必ずテストする

記憶する方法が身についたら、次には記憶しているかどうかをテストすることです。

このテストシステムがなければ、勉強は一向にはかどりません。覚えられたかどうか確認できなければ、少しも先には進めないからです。

多くの学校や塾では、「その役割はひたすら知識を教えること」とされているようです。でも教えるだけなら、たとえば、ものすごくできのいい教科書や参考書を見つけて、それを与えて読んでもらえば、それですんでしまうことになります。

しかし実際には、記憶が定着していなければ、テストの一点には結びつきません。あなたの点が上がるかどうかは、知識を正確に覚えているかにかかっています。

このことは何度もお話ししてきましたが、こうした一連の記憶を完成させるのが、実はテストなのです。

ということは、テストのシステムが完備しているかどうかが大きな問題となってきます。

志望校合格に焦点を当てた場合、いい学校か、いい塾かは、生徒に対してテストを繰り返して、本当に生徒が受験のために必要な知識を身につけているかどうかチェックできる機能を備えているかにかかっていると言っても過言ではありません。

一人ひとりにぴったり合うテストを実行するには、テストを簡単に作成できなくてはなりません。リトルアメリカにはこのテストシステムが完備していますから、生徒は自分の思いどおりの範囲で、テストを受けることができます。

多くの生徒がこのテストのおかげで、成績を上げて合格していったのはたしかです。

幸運にも、たまたま私の塾の近くに住んでいて通うことのできる生徒には、いつでもテストを受ける機会がありますが、遠方のみなさんにも、単語帳を購入していただければテストをお送りすることができますから、リトルアメリカにご連絡ください。

とにかく、テストをしなくては成績を上げるのは不可能だと言えるほど、テストは重要です。だから覚えたらテスト、覚えたらテストという循環が、とても大切になってきます。

単語を覚えるときは全力で行け

英語の勉強をするとき、単語を覚えるのは二次的な行為だと思っている人も多いようです。英文を読むのには多くの時間をかけても、単語は小手先ですませようという人が多いのです。学校でも単語テストは、授業の始まりに四、五分ですませるという場合がほとんどですから、生徒たちも単語は軽くやればいいのだと思いがちです。

でも、そうではありません。

すでに何度もお話ししていますが、単語を覚える行為は、受験でもっとも必要とされる記憶能力を高めるために必須です。

そして、英語力を上げるためにも最大級に大切な行為です。これほど重大なのに、「十分テスト」などといった表現のせいで、なんとなく軽く扱われています。

はっきり言って、これは大間違いです。

単語は全力で取り組んでください。とくに勉強を始めたばかりの時点では何よりも大切ですから、何時間かかってもかまいません。

単語を覚えられれば、あなたの英語力は一気に上がります。百番から一気に十番以内に――

といった具合に、あなたが別人になれるチャンスが、そこに潜んでいるのです。

合格点が八十五点なのには意味がある

さて、この単語テストは、八十五点を取れれば合格です。合格したら次の範囲をやります。しかし問題なのは、合格できなかったときのこと。

その場合、まずはもう一時間かけて覚え直してください。その後にまたテストをするわけですが、このとき、テストは違う問題でなければ意味がありません。

ですから同じ範囲で別の問題が出せるテストシステムが必要なのです。覚えたらテストする、テストをしてみて、覚えていないと判明したら、もう一度覚え直してまたテストする。

この繰り返しが非常に大切です。

そして、合格点が八十五点であるのにも、明確な根拠があります。

実際に覚え始めると、見た瞬間に意味を覚えられるものもあれば、何度見ても意味が浮かばない単語もあるでしょう。

とにかく、なぜか覚えにくい単語というのが、誰にとっても必ずあるのです。

どこかで見たことがあるとか、CMなどでなんとなく聞きなれているといった単語は、見た瞬間にほぼ覚えることができます。仮に一日百個覚えるとすると、そのうちの四十〜五十個程度は、案外すんなり覚えられてしまうと思います。

そして、少し努力すれば覚えられる単語が三十個程度はあるでしょう。

最後に、どうしても覚えられない単語は、通常は約二割程度で二十個ぐらいだと思います。ただ、ちょっと頑張れば、このうちの十個ぐらいはなんとか覚えられるでしょうから、トータルで約九割は覚えられるはずです。

となると、何度見ても覚えられない単語、覚えるのにあまりに時間がかかりすぎる単語は、約一割の十個ほどでしょう。

だから「今はとりあえず覚えなくてもいい」と考えるのです。

こう考えて、あえて無理をしないようにすれば、覚える労力は格段に小さくなります。

覚えにくい単語はとりあえず、そのままにしておいて、覚えやすい単語から先にどんどん覚えようという作戦です。

ここに一日百個、二百個覚えることの強さがあります。

一日百個のうちの十五個を覚えなかったとしても、残り八十五個は覚えているということになるのです。もし一日、二百個覚えるとすれば、十五パーセント覚えられなかったとしても、残りの百七十個も覚えたということになります。

それゆえに一日に百個、二百個覚えるということが重大な意味をもってくるのです。一日のノルマがもし二十五個だったら、不安になりませんか？

覚えた単語を少しくらい忘れても、残る単語の数はものすごく多いのだから大丈夫！ と安心できます。単語を覚えながらこうした余裕をもてるのはいいですね。

また、「忘れてはいけない」という不安をもつ必要もありません。

とにかく、どんどん先に進めてください。

大事なのは、やり抜く決心

テストをしてみて八十五点が取れなかった場合は、もう一度覚え直します。

大切なことは、その日のうちに八十五点になるまで何度もやるのだと覚悟することです。

この覚悟がとても大切です。

さらに一週間後には、一週間分の五百個（勉強計画によっては三百個や四百個）をまとめてテストしますが、この日は朝から丸一日単語に時間を費やすのだという覚悟が必要になります。

そのため、この週末五百個テストは、日曜日に設定するのがおすすめです。

この日は、すべてまとめて覚え直しますが、とくに印がついている（＝覚えられていない）単語を中心に覚え直すことになります。

こうお話ししていくと、「これは大変そうだなー」と思うかもしれません。

たしかに簡単ではありません。しかし、この苦しみを乗り越えたあとに待っている状況を想像してみてください。

そこにいるのは、辞書を引かなくても英語がわかるようになっているあなたです。

現時点では夢みたいに思えるかもしれませんが、必ず実現します。

大切なのは「絶対やり抜こう」という決心です。頑張れば、誰にだって必ずできるのです。

また、ここまで考えてきたら、単語の意味はまず一個だけ覚えなさいとお話しした真意がよくわかると思います。

今あなたが始めようとしていることは、ものすごく重要です。

このひとときの苦しみを乗り越えられさえすれば、英語はあなたの手に入ります。

ウソではありません。

単語さえ覚えられれば、英語学習の中でもっとも苦しいガケを乗り越えたことになります。その後は、英語の勉強は楽しくてたまらなくなります。成績もまた、ものすごく上がり調子になるのです。

だからこそ、全力を振りしぼって覚えきる決心をしてください。

一枚の紙に書き出していつも持ち歩く

それでも、どうしても覚えられない単語というのはあるものです。

これは思い切って書き出してしまいます。

そのとき気をつけたいのが、次のこと。

単語は可能な限り、一枚の紙に収まるように書き出すのです。

理由は簡単です。書き出した紙が何枚にもなると、「こんなに覚えられていないのか……」という気持ちになって、やる気がなくなります。

だから一枚の紙に書いて、その一枚だけをつねに持ち歩くようにするのです。そうすると気分がとてもラクになります。

一枚にすべての単語を書くためには、もちろん、小さな字で書かなくてはなりません。覚えた総単語数の十〜十五パーセント程度になるわけですから、もし千語だったら百五十個程度はあります。ですから一枚の紙の裏表を使って書いてください。

この一枚の紙をポケットに入れておいて、つねに見直すのです。

たとえば、授業が終わった十分休み時間などを利用して、見直します。ポケットに入れていれば、いつでも好きな時間に見直すチャンスがあるのです。

ある生徒は、通学時間に見直すのが一番いいと言っていました。もちろんあなたの都合のよい時間でいいのです。とにかく何度も何度も見直します。

見直す回数が多いほど、確実に記憶として蓄積されるからです。

そして、この書き出し作業も、一度ですませようという気持ちを捨ててください。

二回も三回もやるのが当たり前です。だから初回に書き出す際、完璧に書き出さなきゃと力みすぎないでください。

もし抜けがあったら、もう一度書き出せばいいのです。二回目に書き出す際、気がかりだった部分を入れることもできます。何がなんでも完璧なものにするといった気合いは必要ありません。

成果には完璧を求めるけれども、逐次のやり方には、ちょっとした「気楽さ」があってしかるべきだと思うのです。

途中で絶対見直さない

「単語を覚え始めると、前に覚えたところを忘れている気がして、ちらっと見直すと、やっぱり忘れている単語があって、もう一度見直してしまいます。こうするとなかなか前に進まなくて、結局止めてしまうんです。どうしたらいいですか」

こうした相談を本当によく受けます。

気持ちはよくわかります。しかし、この気持ちをおさえてください。

今までお話ししてきたように、少々忘れても、まだ八十五パーセントも残っているんだと自信をもってください。だから、決して見直さないと決心してほしいのです。

大切なのは、どんどん先に進むことです。

どんどん進めて、とにかく最後まで行ってからまた前に戻って、二回目をやり直す。

二回目ができたら、すぐにまた三回目をやってください。

二回目三回目のときに、英単語の二つ目の意味を覚えるのです。決して、途中で振り返ったり戻ったりしてはいけません。

私の実感としては、五回は行わないと、完全に覚えたとは言えない気がします。

完全に覚えたと思ったあとでも人は忘れるのがつねですから、定期的に忘れている部分を取り戻す時間をとるように計画してください。

三か月か、四か月ごとに行うようにするのがいいと思います。

最良の単語帳の選び方

勉強する際にどんな教材を選ぶかは、みなさんが想像しているよりはるかに重要なことです。

このことを、私はよく匠と称される人の仕事にたとえています。

匠の仕事がかくも美しいのは、その道具がすぐれているからです。カンナにしろのこぎりにしろ、いつも手入れが行き届いていて最高の状態に保たれているからこそ、切れ味のいい仕事ができます。また名人と言われる板前も、技術はもちろんですが、つねに包丁を研ぎあげているからこそ、美しい刺身にさばけるのです。

こうした名人にとって、道具は命なのです。

受験生のみなさんにとっての道具は、何でしょうか？　そうです。教材です。

だから「教材」は「命」であると言えます。だから最良のものを選ぶ必要があります。

では、どんな教材がいい教材なのでしょうか？

単語帳選びで重要なのは、次の三つの条件です。

①一つ目は、まず「覚えやすい」教材であること。これが第一条件です。

どんなに正確な知識が記載されていても、覚えにくい教材では何の役にも立ちません。

ある生徒が「この単語帳にはこの単語が載っていたけど、もうひとつ単語帳にはこの単語が載っていないから、こちらの単語帳の方がいい」と言って単語帳を選んでいました。

でも、そうした基準が、単語帳選びの第一条件になってはいけません。

たしかに単語帳を選ぶとき、どんな単語が収録されているのかが大事に思えるのはわかります。以前は入試にどのような単語が出題されるのかを綿密に調べて、必要な単語だけを選んで覚えようという動きがありました。

そこで何年分かの入試に出た単語と、その頻度を調べ、多い順に単語を選んでいくという方法が最良とされていたのです。

この動きは、生徒にできるだけ効率よく単語を覚えてもらおうという意図で、受験に出ないような単語まで覚える必要はないという強力なメッセージでもありました。

その意図は大いに理解できますし、生徒もできるだけ少ない単語で英文を読めるようになりたいという思いがありますから、両者の趣旨は合致していると言えます。

しかし、どんなに効率よく単語を収集したとしても、それをいかに覚えるかということは別問題です。もちろん入試に出題される単語を選んで覚えるのはいいことですが、しかし、覚えやすくなければ意味はありません。

ですから、やはり単語帳は覚えやすいことを第一の基準に選んでください。

覚えやすい単語帳には、語呂合わせや、語源などで編集したものもありますが、すべての単語が語呂合わせや語源だけで覚えやすくなるというものでもありません。覚えやすくするためのあらゆる方法を駆使して覚えやすくしている単語帳がいいのです。

私たちも覚えやすい単語帳『フロウンうんち英単語帳』シリーズを出版していますので、検討してみてください。Ａｍａｚｏｎでも購入できます。

②二つ目の条件は、訳文がやさしい日本語であるということです。

実は何年か前のことですが、ある生徒たちが英語の単語を覚えるのに、日本語の辞書を引きながらやっていました。

「英語をやるのに、なんで日本語の辞書が必要なの？」と聞いてみると、「ここに書かれている日本語の意味がわからないんですよ」と言うのです。

これには私も驚きました。と同時に「そういうことか」と、ものすごく納得させられました。まだ勉強があまり進んでいない生徒は、日本語力も十分ではありません。そのため単語の意味が簡単な日本語で説明されていないと、こんな二度手間になってしまうのです。

だから、できるだけわかりやすい日本語で意味が書かれていることも、単語帳選びの重要なポイントです。

もうひとつ単語帳選びで重要なことがあります。

単語を覚えるという行為は、ものすごい量を覚えるということです。

膨大な量を覚え、繰り返すという作業ですから、どんどん進められる工夫が大切です。というのも、一度は決心しても、なかなか最後まで行き着かないというのが現実だからです。

みなさんも、一度は単語を覚えようと決心したことがあるのではないでしょうか？

そしてやはり挫折したのではありませんか？

そうなんです。多くの生徒の悩みは、どうすれば最後まで行き着くのかということなのです。

そこで単語帳を選ぶ際の三つ目の条件がはっきりします。

③載っている単語数が、千を超えない単語帳が最適です。

載っている単語数が多すぎる単語帳は、とても最後までやれません。

千個の単語が収録された単語帳ならば、一日百ずつやったとして、二週間で仕上がります（68ページでお話ししたように、一週間を五日として、一週間で五百、二週間で千個）。

二週間で一冊仕上がるということが大切なのです。

みなさんにとって毎日百単語ずつ覚えることは、とても大変なことです。

いつこんな苦労から逃げられるのだろうか、一体いつになったら終わるんだろうかと、その最終日を一日千秋の思いで待っています。

そんな思いがどのくらい続くかといえば——とくに、まだ勉強を始めたばかりの人にとっては、二週間ほどが限界です。

一週間たって、あともう一週間頑張れば、最後まで行き着くのだという気持ちがもてることが、この単語を覚える作業にとってものすごく重要なのです。

だからこそ単語帳の単語数は、千個以上あってはいけません。

そして一冊仕上がったら、「よくここまでやれた」と自分を褒めてください。お世辞ではなく本当に、こんなことが貫徹できるのは、よほど勉強に熱意のある人か受験勉強に慣れた人でしかありません。

あなたは「万歳!」と叫んで、ご両親に「仕上がったよ」と胸を張って報告してください。もし好きな人がいれば、その人に、「やった。すごいでしょう」と威張って見せていいほどのことなのです。

だから三千の単語を覚える場合、三千個が一冊に載っている単語帳より、千個ずつ三巻になっている単語帳の方がはるかに仕上がる可能性が高い、ということを知ってほしいと思います。そのぶん教材費が少し高くなってしまうかもしれませんが、そこは目をつぶってください。あなたが単語を覚えられるかどうかには、あなたの人生がかかっていると言っても過言ではないからです。

とても小さなことのようですが、単語帳をどう選ぶかで、志望校合格の夢が現実になるか否かが変わってきます。

だからこそ、必ず先に述べた三つの条件を守って、単語帳選びをしてください。

採点はできるだけ○《マル》にする

さて、テストをしたら、採点は自分ですることになります。私の塾では先生が採点しますが、自己採点する場合に大切なことがあります。

それは、あまり厳密に採点しないということです。

たとえば、その単語が本来は名詞なのに、あなたの解答が形容詞になっていたとしても、意味が合っていれば正解として○をつけてください。

学校の先生方の多くは——とくにまじめで熱心な先生方は、たとえば「accurate（正確な）」という形容詞の解答を「正確さ」と名詞形で答えた場合、不正解として×にします。

まじめな先生方は、単語を覚えるときは、正確にその品詞まで覚えていなくてはいけないと思っています。ですから、品詞が間違っている答えには○をつけられないと感じます。

ある意味で、それは正しいのですが、ほぼ意味は正しいと感じている生徒にしてみたら、「やってられないよ」と思うはずです。

こうしたことが一回だけならまだしも、何度も重なるとすっかりやる気を失って、結果として、せっかく始めた勉強を投げ出してしまうことにもつながってしまいます。

それこそ最悪の結果です。

今あなたに必要なのは単語を覚え、その結果、暗記能力を高めるということです。

こういった観点からすれば、その単語が名詞か形容詞かなどは、些細な問題になります。本来、採点をする先生方も、受験生のもっとも大切な目標を理解して、他の些細な点を見過ごすくらいの度量が必要です。高校では厳密な採点をする先生が多いと聞きますが、これでは生徒のやる気を削ぐだけだと思います。

私は、覚え始めたばかりの生徒には、はじめは甘めに採点するようにしています。しばらくは、勉強をやる気になったこと自体を大切にしたいと思うからです。

そして、その方が本人の成長を速めます。

ですから、自分で採点する場合にも、近い答えなら○にするという感覚で採点してください。今この段階で何よりも優先したいのは、あなたのやる気です。

だから、やる気を失わせるすべてのことを排除する必要があります。

実は、私は今までに何度も、間違った解答にすら○をつけたことがあります。とくに、それまであまり勉強したことのない生徒が勉強し始めたときです。

そしてその生徒が八十点程度取れているようなときには、最後の一個が間違っていても正解にして、八十五点、すなわち合格点となるように採点したことは何度もあります。

こうやって、その子を褒めるきっかけをつくりたかったのです。

生徒はテストの点については気にしますが、その内容を気にすることはあまりありません。私が甘めに採点をしても、「ここが違っていたよ」などと申し出る生徒はほとんどいないのです。そんな正確さよりも、勉強するきっかけをもてるかどうかが重要です。

もちろん、単語の品詞の正確さなども、勉強がしっかり根づいてきてからは要求します。ですから単語覚えの三回目、四回目には、私たちも厳しく採点します。この時点では品詞、意味の正確さ、また二つ目の意味の正しさなども採点基準にするのです。

ここにも、学びは一段階目にすべて覚えるというのではなく、二段階、三段階で覚えるといったやり方が実践されています。シンカンセン記憶術です。

何度も書きますが、一度で学ぶのではなく、何度も繰り返しやって、正確な知識に移行していくというのが正しい勉強法です。

採点する基準も、その生徒がどの段階にきているのかということを判断基準にします。一段階にいる生徒と三段階にいる生徒では、採点方法が違ってくるのも当然なのです。

もちろん、みなさんも五回目、六回目までも甘く採点してほしいとは思わないでしょう。段階が進むにつれて、あなたも二つ目の意味があっているのかどうか気にかかり始めます。

そしてその段階では、本当に正解のものだけを○にしてほしいと思うはずです。

勉強にはそれぞれの段階があります。

ですから、それぞれの過程に合った採点基準で対応する必要があるのです。

テストは大切な人に頼むのがベスト

自分を本気にさせるとき、他の人やまわりにあるものを上手に利用するのもいい方法です。

たしかに一日百個の単語を覚えるのはいいけど、でもまだはっきり決心できていないというようなとき、誰かに頼んでテストをしてもらいましょう。

こんな場合、もっとも身近であなたのことを本気で考えている人が一番なわけですが、多くの人にとって、それはお母さんやお父さんです。

ご両親はあなたのことをいつも心配して、「塾にはやっているけれど、どんな勉強をしているのかな」と半信半疑でいます。そんな親の気持ちを払拭するためにも、あなたが勉強していることを見せるのは効果的です。

とはいえ、本来の目的は、親ではなく、あなたの決心を固めるためです。

誰か大切な人と約束すれば、あなたはもうあとには引けません。何がなんでも頑張らなくてはならなくなります。そうした決心を自らに課すために、わざわざお母さんやお父さんにテストしてもらうのです。

まずお母さんかお父さんに「今からこの単語百個を一時間で覚えるから、覚えたらテストをしてくれる?」と頼んでください。ご両親は自分にできるわけがないと躊躇するかもしれませんが「この単語を口で言ってくれればいいから……」とお願いしてみてください。

実は、私たちの出版している単語帳には、発音がカタカナで書かれています。このようなときに誰にでもテストしてもらえるように、カタカナにしているのです。お母さんお父さんが英語に自信があまりない場合でも、カタカナの単語帳を見れば安心するでしょう。

はじめは口頭でテストを出してもらっていても、だんだん単語の学習が進んで二つ目の意味を覚えたりする段階になると、やはり筆記テストを受ける必要が生じてきます。

そんな場合はテスト問題集のついた単語帳がいいと思います。

私たちの単語帳ならば問題をお送りするのは可能ですから、ぜひ申し込んでください。

もし、ご両親に協力を頼めないなら、こんな方法もあります。

日頃から「いいな」と思っている彼または彼女に、「一緒に単語を覚えるレースをやらない？」ともちかけるのです。二人で一週間に単語を五百個覚えようと約束し、一週間後に二人でテストをしあうのです。

どうしてこんなことをするかと言えば、それは自分の決心を強固にするためです。

誰かと約束すれば絶対に守らなくてはならないので、あなたの決心は不動のものになるはずです。また相手も、同じように真剣に取り組むことになります。

そして一週間後に、相手が覚えたのに、あなたが覚えていない場合は、あなたは「こんなことでは、自分だけが置いていかれてしまう」と危機感をもって、勉強しなければという気持ちになれます。

誰かと約束してやり遂げていくのは、あなたの決心を固めるいい方法ではないかと思います。

賞金を出してもらおう

テストの際、もうひとつお勧めしたいのが、賞金を出してもらうこと。

たとえば、「この五百個の単語をテストしてほしい」とご両親に頼むとき、「もし九十点以上取れたら、賞金を出してくれる？」とお願いするのです。

おそらく、両親は喜んで「いいよ」と言ってくれると思います。

賞金をかけることは、ものすごく大きな動機になります。金額がいくらであるかは大きな問題ではありません。

それよりも、勝つということが大きな動機になります。

受験というのは勝負です。

だから何がなんでも勝たなくてはなりません。

小さなテストの際にも、勝負で勝つことが受験に直結しているのだという意識を、ぜひもってください。

第2章

必ず！報われる勉強法 実践編

英語の成績はこれで上がる！

①イディオムは整理して攻略せよ！

イディオムと単語は覚え方が違う

イディオム教材の選び方――最小の時間で最大の効果を上げる

あなたがイディオムを覚えようと決心します。

さて、どんな本を選べばいいのかと書店を歩き回りながら、いろいろ思案します。

そんなときあなたは何を考えますか？

おそらく他の教科にも時間を使わなくてはいけないし、イディオムの学習ばかりにそんなに多くの時間をかけることもできないな――と思っているはずです。

できるだけ、「一週間とは言わないまでも、二、三週間で仕上げられればいいのに」と思いながら選んで探し回ります。その感覚はしごく当たり前の感情ですからよく理解できます。

あなたとしては、最小のイディオム数でもっとも試験に出題されるものを収録してある教材が理想だと思っているはずです。

この気持ちはよくわかりますが、あなたの要求にぴったり合う教材はありません。

多くのイディオム教材は八百～千程度を収録しています。これは、頻繁に出題されるイディオムを集めると、この程度の数になるということを意味しています。

この程度覚えれば、おそらく入試問題の八十五パーセントは解答できるであろうという考えでつくられているからです。

もちろん解答できない問題もあるでしょう。しかし、それらを解答しようとすれば、覚えなくてはならないイディオム数は五千程度にもなります。

これらの数を全部覚えるとすれば、途方もない時間がかかります。

勉強というのは勉強の量とその成果を天秤にかけることが大切です。

すなわち最小の時間で最大の効果を上げるということ。

ですから千程度のイディオムを覚えて、八十五点ぐらいを取ることが、時間対効果という観点から言えば、一番理想的な数字だと言えます。

とにかく〝効率よく〟覚える

そんなわけで、どれだけたくさんのイディオムを覚えるかではなく、いかに効率よくイディオムを覚えるか、ということが大事になってきます。

つまり、あなたが選ぶべき教材は、覚えやすく工夫してある教材です。

どんなにイディオム数が豊富でよさそうな教材であっても、あなたの頭に入っていかなければば意味がありません。

買うべきは、実際やってみて覚えられる教材だということです。

イディオム教材を選ぶときは必ず「覚えやすいように工夫されているか」に着目してください。

イディオムと単語はここが違う

イディオムと単語、どちらも覚えるのは大変です。

でも、覚え方はまったく違います。

ここまで単語の覚え方をお話ししてきましたが、イディオムは単語のようにはいきません。

「イディオムも語呂合わせでいこう」とか「ごり押しで何回も何回も覚えよう」などと思っているとしたら……残念ながら、それは間違いです。

単語とイディオムは、まったく別物なのです。

そのことを覚える前に、まずわかってもらいたいと思います。

単語は、これまで何度もお話ししているように、「これはこれ!」「これはこの意味!」と決まっているので、とにかく語呂合わせでもなんでもいいから、結びつけて覚えた者勝ちです。

たとえば、「apple」という単語が「なぜリンゴなの?」と考えてもまったく意味がありませんよね。はじめからこの意味だと決まっていて、そこになんの理屈もないのです。

他の科目なら、だからこうなったなどと、その理由を理論的にたどっていけば、覚えやすい

「make」のイディオム

make up a story	話をでっちあげる、つくる
make up for the loss	損失（loss）を補償する
make up with my friends	友だちと仲直りをする
The committee is made up of 5 members.	委員会は５人のメンバーで成り立っている、できている。

とか、忘れにくいといったことがあります。

でも単語の場合は、それはこういう意味だというだけで、意味を思い出すためのなんのヒントもありません。ですから語呂合わせとか、日本語で使われていて意味を想像できるとか、とにかく何がなんでも覚えやすくする必要があるわけです。

では、イディオムの場合はどうでしょうか？

たとえば、「make」のイディオムで説明しましょう。

上の表に出ている単語、「make」も「up」も「for」も「with」も全部知っている単語だと思います。それなのに、組み合わさると全然意味が変わるわけです。

「make up」だと「つくる」だし、「make up for」だと「補償する」になり、「make up with」では「仲直りする」という意味になります。

単語の場合は、何がなんでも理屈なしに覚えなくてはならないわけですが、イディオムの場合は単語自体はどれもすでに知っています。

だから語呂合わせをしたところで、まったく覚えやすくなったりしないのです。

ここまででおわかりと思いますが、イディオムの場合は、何がなんでも覚えるという力技は通用しません。

ほとんどが知っている単語の組み合わせですから――しかもそれが似たような単語ばかりですから、「make up for」だったか、あるいは「make up with」だったか、この区別を明確にする必要があるわけです。

イディオムのテストをすると、ほとんどの生徒が、「make up for」なのか「make up with」なのか、あるいは「take up」なのか「turn up」なのか、ごちゃ混ぜになっています。

イディオムを覚える場合に大切なのは、このこんがらがっている状態を明確に区別するという作業です。

そう、必要なのは頭の中を整理してあげるということなのです。

では、具体的にはどう覚えていけばいいのでしょうか?

イディオムは三段階方式で

イディオムは、三段階方式で記憶していきましょう。

①動詞でまとめる
②前置詞でまとめる
③意味でまとめる

①動詞でまとめる

make up a story	話をでっちあげる、作る
make up for the loss	損失(loss)を補償する
make up with my friends	友だちと仲直りをする
The committee is made up of 5 members.	委員会は5人のメンバーでできている。
make for the entrance	入口に近づく
make out what he said	彼の言ったことを理解する

①動詞でまとめるということですが、もっともイディオムに使われる単語が「make」ですから、この「make」から始めます。

上の表を見てください。まず「make」を固定して、前置詞を変化させます。

このように、ひとつの動詞を固定しておいて、前置詞を次々と置き換えていきながら覚えるのです。こうすれば似たようなイディオムをはっきりと区別して覚えられます。

ただ、注意したいことがあります。

たとえば、「make up for＝補償する」と覚えたとしても、一か月もたてば「make up of」だったか「for」だったかがあいまいになってきます。

そこで覚える際には必ず「make up for the loss」と「loss」を入れて覚えておくのです。

「make up for＝補償する」ではなく、必ず「make up for the loss」と覚えれば、この「loss」という単語のおかげで、「損失を補償する」と簡単に覚えられることになります。

この調子で、「make up with」も後ろにも必ず「friends」を入れて覚えます。

②前置詞でまとめる

(　　　) up with my friend	仲直りする	make
(　　　) up much space	場所を占める	take
He hasn't (　　　) up yet.	彼はまだ現れない(来ていない)	turned
(　　　) up with the times	時代に遅れないようにする	keep
(　　　) up 5 children	5人の子どもを育てる	bring

こうしておけば、「友だちを補償する」とはなりません。「友だちと仲直りする」と、必ず正しく覚えられます。

この方法で「make」から始め、次は「take」「turn」「get」と進めていきましょう。

②前置詞でまとめるというのは、前置詞を固定して動詞を変えていくやり方です。

動詞でまとめて覚えていくと、次の段階でごちゃ混ぜになるのが、「make up」だったのか「turn up」だったか、果たして「take up」だったのかということです。

そこで今度は前置詞を固定して、動詞を入れ替えていきます。

上の表のように「up」を固定して、動詞は何が入るかを覚えていくのです。

こうして段階的に覚えていかないと、いざ試験会場で「turn」だったか「take」だったかわからなくなります。

イディオムを覚える場合も、やはり「シンカンセン」ということです。

動詞を固定して覚えることがシン、前置詞を固定して覚える段階

③意味でまとめる

委員会は5人のメンバーで成り立っている	The committee is made up of 5 members.
	The committee is composed of 5 members.
	The committee consists of 5 members.
入口に近づく	make for the entrance
	get close to the entrance
	draw near to the entrance

がカン、そして最後の第三段階のセンは、日本語の意味で整理するのです。

③意味でまとめるというのは、同じ意味のイディオムを整理して覚えるということです。

上の表を見てください。

このように同じ意味のイディオムを整理することがイディオムを覚える際の最終段階です。

こうして三段階にして覚えれば、イディオム暗記の問題点である、こんがらがり状態を解消することができます。

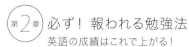

2 文法問題は「見た瞬」で勝負だ！

大事なこととそうでないことを一緒にしない

文法はむずかしくない

みなさんは文法にどんなイメージをもっていますか？

「わけがわからない」「面白くない」「むずかしそうで嫌だ」……こうしたネガティブなイメージをもっている人が多いのではないかと思います。私も高校生の頃はそうでした。

学校の授業を聞いていても、先生が耳慣れないむずかしい文法用語を使って説明するので、まずその日本語の意味さえよくわからない。だから文法は嫌いだ、という生徒が多いのです。

でも、朗報です。文法は実はちっともむずかしくありません。覚えなければならないことも全然多くないのです。

単語と比べてみましょう。受験で覚えなくてはいけない単語は、基本レベルで三千語ほどはあります。中学で習う分を除いてもです。さらに国公立大学の二次試験レベル、一流私大に行こうとなると、派生語も含めて三千～四千プラスされますから、五千～七千語覚えなくてはならない。そんな世界です。

それに対して文法は、覚える事項で言えば、たった三百〜四百ぐらいしかありません。

だから文法は怖くないんです。

「文法は見た瞬で解け」と私はいつも言っています。

見た瞬間に、何を訊かれているのかを見抜けということです。問題を見て、「えーっと、えーっと、これはこうだから、訳してうーんっと、これかな？」ではダメなのです。

見た瞬間にサクっと答えるには、基礎的な知識を徹底的に覚えることが第一歩になります。

知識のアンテナを立てよ

この「基礎的な知識を徹底的に覚える」というのは、その上に乗っかってくる関連した知識のための「土台」をつくるということです。

生徒にはこのことを「知識のアンテナを立てろ」と言って伝えています。

基礎の知識を完全に頭に入れてからアンテナを立てておくと、そこに関連した知識をキャッチすることができるのです。

このアンテナをしっかり立てておくと、入試に出題される重大な知識がそこに集まってきて、記憶が正確になります。

知
知
知
知
知
知
知
知
知
知
知
知
知
知
知
知
知
知
知
知
知

成績が上がらない多くの生徒に共通する問題点は、せっかく手に入れた知識がごちゃ混ぜになって、整理できていない状態になっているということ。

知識は結構たくさん蓄積されているのに、それらが整理されていないために、的確な解答を導き出せないでいるのです。

このような生徒に欠けているのは、基本知識と付随的な知識との区別です。知識が系統立てられていないせいで、正しい答えが出せないのです。

まずは、基本的な知識だけを全範囲にわたって覚えます。つまり一冊の本の重要な部分だけを理解して、長くても一週間ですませます。

この基本的な知識を完全に覚えたあと、その知識の周辺に詳細な知識を張りつけていく。

こうした覚え方が一番効率のいい方法です。

これもシンカンセン記憶術です。すなわち基本事項を完全に覚えることがシンカン、次にその周辺に張りつける知識がカンセンとなるのです。

「仮定法」も簡単！　三ルールを覚えるだけ

では次に、苦手とする人が多い「仮定法」を説明しましょう。

ポイントは、「大切なことと、そうでもないことを一緒にするな」でしたね。

まず、仮定法とは一体何かということから理解しなくてはなりません。

多くの生徒は学び始めるときに、一体それが何かということをあまり気にかけないでスタートします。しかし、それが一体何なのかをはっきり理解せずに始めると、知識のアンテナが立ちません。

不定詞の場合も、「不定詞って何なの？」と質問すると、ほとんどの生徒は「to+動詞の原形」と答えます。これは不定詞の形を言っているのであって、一体何なのかの答えではありません。

たしかに不定詞を学ぶとき、「to」の後に動詞の原形がくるということは重要ですが、だからといって、それが何なのかということを説明していることにはならないのです。

不定詞には、実は「文と文をつなぐ役割」があります。

言ってみれば「のり」の役割をしているのです。

文法上、文をつなぐ役割をもっているのは、不定詞、関係代名詞、それに分詞構文の三つ。これらの三つは同じ役割を担っていますから、このうちのひとつを理解すれば、他の二つも理解しやすくなるのです。

では「仮定法とは何か？」から始めてみましょう。

まず理解しなくてはならないのは、「仮定法は事実でないことの表現」だということです。

「If（もし）」を見るとすぐに仮定法だと思いがちですが、「If」が使われているからといってすべてが仮定法だというわけではありません。

たとえば、「もし明日雨が降れば」というのは仮定法ではないのです。明日雨が降るかもしれないし、降らないかもしれない。事実としてありえることだからです。

「If」を使った3つの例文

If he helped me, I would succeed.	彼が助けてくれると成功するのに。 (助けてくれないから成功しない)
If he had helped me then, I would have succeeded.	あのとき彼が助けてくれていたら成功していたのに。 (助けてくれなかったから成功しなかった)
If it rains tomorrow, the baseball game will be called off.	もし明日雨が降れば、野球の試合は中止になります。 (起こる可能性があることをいうifの文)

それに対して、「タケシ君がもし犬ならば」というのが、仮定法です。タケシは人間ですから、決して犬にはなりません。「現実にはありえないこと」が仮定法なのです。

そこには三つのルールがあります。仮定法過去と過去完了、そして「If」を使ったふつうの文です。

①現在の事実と反対のことを言う場合には、「If」の文の中が過去形
②過去の事実と反対のことを言う場合には、「If」の文の中が過去完了形
③未来のことを言う場合には、「If」の文の中が現在形

この三つのルールが、仮定法の基本事項アンテナです。このアンテナに付随の事項がついてきますが、今はまず、この三つのルールだけを覚えます。

上の表の例文でわかるように、仮定法過去は現在の事実と反対のことを言うわけですから、訳文としての時制は「現在形」になります。ここが大切です。

また、仮定法過去完了は過去の事実の反対を言っているわけです

「If」の3ルール

	文のかたち	訳
仮定法過去	If 過去, S＋would 原形.	現在
仮定法過去完了	If 過去完了, S＋would have 過去分詞.	過去
起こる可能性のあることをいうifの文	If 現在形, S＋will 原形.	未来

から、訳文としての時制は「過去形」になります。

通常、入試や他のテストでも、出題はこれらの組み合わせが正しいかを問う問題が出題されます。たとえば次のような問題です。

If he had helped me, I will succeed.

この文は前ページの表の組み合わせから外れているのがわかると思います。

「If」の文中が過去完了なら、後ろの文は「would have 過去分詞」になるはずです。したがって後ろの文は「I would have succeeded.」とならなくてはなりません。

または「If」の文中を「he helps me」とすれば、この文型は仮定法ではなく「If」を使ったふつうの現在形になりますから、これでも正しいことになります。

仮定法の問題は、これらの文の組み合わせが正しいかどうかを問うものがほとんどです。

ということは仮定法を学ぶとき、このたった三つのアンテナを明確に理解するだけで、出題の七割程度の問題が解けるということになります。

あとは、この三つのアンテナに付随する知識を追加していくだけです。

この基本を覚えていれば、だいたいの問題に正解することができると思います。

ただ、なかには「これだけで大丈夫なのかな？」と不安になる生徒も多く、そこでもっと詳しい説明のついた教材などを手に入れたりします。

そうした教材には、仮定法現在とか未来とか、わざわざみなさんを混乱させるような説明がついていたりする場合が多々あります。込み入った文法用語ばかりが並んでいるために、かえってわからなくなるという残念な結果をもたらします。

ですから、できるだけ文法用語を使っていない教材がいいのです。

ふつうの言葉で、できるだけシンプルに説明している教材を選びましょう。

「目線を決める」と瞬間で解ける

文法の問題を解くときは、文中のどこを見るのかを決めることが大切です。

仮定法の問題では、107ページの表にあるような「If」の文中と、後ろの文中の時制の組み合わせが合致しているか否かが、おもに出題されます。

ですから、見るべきところは、「動詞」です。

108ページの問題をもう一度見てみましょう。

「If he had helped me, I will succeed.」という問題では、前半が「had helped」であるのを確かめたら、後半の動詞をまず一番に見ます。

これを、私は「目線を決めろ」と言います。

そうすれば、一瞬で解けます。だからこそ、文法は「見た瞬」で解くと言っているわけです。正しくは「would have 過去分詞」だと一瞬でわかります。

前にお話ししたように、東大に行く生徒が文法問題を解くのに一問一秒というのは、こういう理由です。あなたも同じように練習すれば、一瞬にして解けるようになるのです。

ここで、ちょっと整理しておきましょう。

仮定法では基本的に、「If」の文中に「現在形」「未来形」はありません。「過去形」か「過去完了」であると思っていた方がいいでしょう。そして後ろのセンテンスは「would原形」か「would have 過去分詞」かということになります。

また「If」の文中が現在形になっている場合は、仮定法ではなく（つまり事実の反対ではなく）、現実に起こる可能性のあるふつうの文です。

この三文型さえ覚えれば、多くの仮定法の問題を解くことができます。この説明にみなさんが戸惑うような文法用語はありませんよね。むずかしい説明は必要ないのです。

文法問題集の賢い選び方

さて、あなたが文法の覚えるべき事項を覚えたとします。でも、覚えたらすぐ問題が解けるかというと、そういうわけではありません。

次に必要なのは、「問題を解く練習」です。

文法問題を解く場合、出題の意図は同じでも、書かれている英文はもちろん違います。ですから問題を解くのに慣れていれば、「あっ、これはあのことを訊かれているんだ！」とピンとくるわけですが、慣れていないと気づくことができません。

そのためにも、文法事項を覚えたら、今度は練習として文法の問題集を解いていきましょう。

文法の問題集を選ぶときに一番大切なのは、「簡単なものを選ぶ」ということです。

また、はじめのうちは単元ごとにまとまっているものがおすすめです。

仮定法も比較も何もかもミックスされて並んでいるものではなく、「今は仮定法やってますよ。仮定法の問題ですよ～」という問題集を選びましょう。

何を訊かれているのかがわかりやすいので簡単で楽しいし、覚える効果も高いからです。

そして、意外かもしれませんが、問題集はできるだけ、見開きの左側のページに問題があって、右側のページに解答があるものを選んでください。これが最高です。

逆に、選ぶべきでない問題集は、解答が別冊だったり、わざわざめくった次のページに解答を載せているものや、同じページに解答があるけれど、本をひっくり返さないとわからないように書いてあるようなものです。

だいたい、勉強を本気でやりたいと思っている人が、問題をやる前に答えを見るでしょうか？　見やすいところに答えが書いてあったとしても、見たくなければちゃんと自分で隠します。それにもっと言えば、見たい場合はすぐ確かめられる方がいいのです。

わからなかったら、どんどん答えを見てください。

でも、答えを見て終わりではなく、どうしてそうなるのかを理解することが大事なのです。

そんなわけで、解答がすぐ右横ページに、ちょうど問題と同じ目の高さに書かれている問題集がベストです。

とにかく時間がもったいないのです。

みなさんの時間はとても大切です。一分一秒を大事にしなければいけません。

ですから問題集は答えがすぐ右側にあるものを選ぶこと。これがとても重要です。

そしてもう一つ、大切なことがあります。最初に解く問題集は、例外的な問題が多く載っているようなものを避ける、ということです。できるだけ基本的なことだけが載っているものを選んでください。

「大事なことと大事じゃないことは一緒にしない」とお伝えしましたが、とくに最初の一冊は基本的なこと、つまり一番大事なことだけが載っている問題集がベストだと思います。

そのあと二冊目、三冊目と進める中で、例外が入っているものを選ぶと楽しいですね。できなかった問題だけを覚えていけばいいからです。

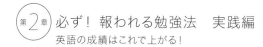

3 英文を読むためのスキルはこう学べ

辞書は絶対引かない！

「英語を読めるようになりたい」と言って私のところに話を聞きにきた人には、いつもこう質問します。

「あなたは今、どういう勉強の仕方をしていますか？」

するとたいてい、次のような答えが返ってきます。

「まずわからない単語を辞書で調べます。そして、その単語をつなぎ合わせて訳していきます」

何度もお話ししてきましたが、ここでもはっきり言いたいと思います。

英文を読む練習をするとき、辞書を引くのは絶対ダメです。

こう言うと驚く人が多いのですが、決して冗談ではありません。辞書を引きながら読むと、英文を読む練習にはならないからです。

極端な話をすると、大学入試の基本単語を覚えていない段階で、果たして英文を読む必要があるのか、意味があるのか、ということです。

とにかく受験勉強を始める最初の段階で、単語とイディオムを一気に覚えてしまいましょう。

そしてある程度覚えたあと、「辞書は引かない」と決めて、英文を読む練習をするのです。

その方がよっぽど効率的だと思いませんか？

もし、一つの英文を読むのに二十個も三十個も辞書を引かなくてはならないとします。単語を一つ調べて書き留めるのに、電子辞書を使っても一〜二分かかります。それが二十個三十個あったらどうでしょう？　三十分以上が無駄になってしまうのです。

当然ながら、こんな勉強法は今すぐやめなければいけません。

まずは基本単語三千語程度をしっかりと覚えたうえで、晴れて英語を読む練習にとりかかりましょう。

わからなかった英文は、もう一度読んでもやっぱりわからない

こんな経験はありませんか？

長文を読んでいるとき、わからない部分があり——ここは大切だと思って、わざわざ下線を引き、この部分はこう訳すのだと心に刻み込んだとします。

そして何か月かして、また同じ部分を読んでみてください。

いくつかの例外はあるとしても、以前わからなかった部分は、もう一度戻ってみてもまたわ

からないことが多いのです。「そうだ。そのとおりだ」と心当たりがあるという人が多いと思います。

これは何を意味しているかというと、あなたの実力を発揮するには、まだ時期尚早だということです。

だから単語の説明もあり、訳文もついている英文から読み始めてください。

私自身、高校時代に何度も先生から辞書を引きなさいと言われ、それが正しいと思って、必ず辞書を引くようにしていた時期がありました。

しかし、不確かな単語まで調べていたら、一ページ読み進むのに一時間ではとても足りません。気が遠くなるほどの時間がかかるのです。

そのとき、これはおそらく何かの間違いだ。自分が今いる状況で、この勉強法が真実のはずがないと感じたのです。きっと、何か基礎となる前提条件が違っているに違いない。そう思って、比較的早い時期に辞書を引くのはやめました。

みなさんが辞書を引きたがらない気持ちはよくわかります。

実はそれが正解なのです。

英文を読むときは辞書を引かない。そして読むスピードを乱さないように一定の速度で読むのです。

左に英文、右に訳文のある教材を選べ

イディオムの問題集と同じように、英文の教材を選ぶ際も、左ページに英文、右ページに訳文が載っている教材を選んでください。もちろん、右ページには訳と単語の説明の両方が載っているものがベストです。

こうした教材を使うと、わからないときは視線を右に移せばすぐに訳文が見えますから、効率的です。左ページの英文と同じ目線上の右ページに訳文が載っていると、さらによいでしょう。

読むスピードがものすごく速くなり、そのおかげで話の展開がどんどん頭に入って来て、英文を楽しめます。

はじめの段階では、こうした訳つきの教材のなかでも、小説がいいと思います。論文よりも小説の方が速く読み進められますし、ストーリーを楽しむことができるからです。英文を読んで「面白い」「楽しい」という気持ちをもてたら、どんどん読めるようになります。

こうして読むのと、わからない単語をいちいち辞書で引きながら読むという作業を比べてみてください。どちらが楽しいか、一目瞭然ですよね。

そうです。ここでも勉強はできるだけ楽しむことが大切なのです。

わからないときに訳文を見てもズルじゃない！

「英語を読んでいて、わからないところがあったとき、訳を見るのはなんだかズルいこと、悪いことみたいな気がするんです……」と言う人がいますが、そんなことは決してありません。

とくに初心者は、わからなければすぐに訳を見た方がいいのです。

訳文を見て、「あ、そうか！　こういうふうに訳すのか！」とわかったら、またあとで何度も読み直してみるのが、一番効率のいい方法です。

解答がついていない教材を使って勉強することほど、効率の悪いものはありません。とくに初心者の人、まだ知識が頭の中に蓄積されていない人は、避けなければならないやり方です。

解答がついている問題であれば、わからないところがあれば、ぱっと見ればいいわけです。

たとえば、数学の宿題をやるのに、すぐ答えを見ると「ずるい。あいつはずるいことをしている」と言う人もいるでしょうが、それは違います。

解答がせっかくついているのですから、利用してください。

何度考えても、わからないものはわかりません。ですから、すぐに答えを見て、「あー、なるほど！　こういうふうに解くのか」とわかったら、何も見ないでも解答を書けるよう練習をすることに時間を使えばいいのです。

英語に話を戻しましょう。もちろん、最初に読んでみるのは大事ですが、読んでもわからないところがあった場合は、すぐ訳を見てください。

だから、訳文がついている教材がいいのです。おそらく何時間考えたとしても、わからない文はわからないんですね。それについての知識が頭の中にはないわけですから、当然です。訳を見て意味がわかったら、大切なポイントを覚えておきます。そうすれば、次に同じような文が出てきたとき、ある程度応用できて、読めるようになるのです。

だから安心してどんどん訳を見てください。これからは、しっかり訳文のついた教材を使い、わからなかったらすぐに見ることを習慣にしましょう。

わからない単語で止まらない

そして勉強を始めて、単語を三千個覚えたあとは、辞書を引かずに英文を読んでください。あなたがすでに三千単語を覚えているのだったら、わからない単語が出てきても立ち止まる必要はありません。

決して辞書は引かずに、わからない単語は想像しながら訳していくのです。

考えてみてください。

あなたが日本語の新聞記事を読んでいるとします。

その記事を読み終えたあと、「どんなことが書かれていた？」という質問を受けたとしましょう。あなたは読んだ内容をすらすらと答えるはずです。

そこでもし、「知らない単語はなかった？」と訊かれたら、あなたは「あまりなかったと思う」と答えると思います。それは、読んでいるときには知らない単語があるかないかなど気にせず、全体の大意を読み取る作業をしていたからです。

もしもそこで、一つひとつの単語について質問されたら、知らない単語があったことに気づくかもしれません。それでも、「その単語は知らなかったけれど、全体の意味はこうでしょう」と自信をもって言えるはずです。

ふだん私たちは日々知らない単語に接していますが、無意識に飛ばして読んでいるのです。だから「わからなかった単語などなかったよ」と平然と答えることだってあるでしょう。

これは大切なことです。

日本語の場合、わからない単語に出会ったからといって、すぐに辞書を引く人などいません。わからない単語を飛ばし読みしていることが、その人の実力なのです。

同じように、英語だからといって不安になる必要はありません。わからない単語は飛ばしてください。

それこそが、実力のある人の読み方なのです。

辞書を引くバカになるな！ わかる単語から想像しよう

「朝食に卵と海苔を食べ、（　　）を飲んだ」という文章を読んで、（　　）に何が入るかを想像するのは、日本人なら簡単です。

そう、「みそ汁」ですね。ここで辞書を引く人はいません。

また、「彼女は洋服屋でスカートと（　　）、（　　）を買った」という文の場合、あとの二つは着るものらしいと想像できます。

このように単語が並んでいる場合は、三個のうちのひとつがわかれば、あとはほぼ同じものだと想像すればいいのです。

しかし、正直なところ、あとの二つを想像する必要も、実はありません。とにかくその店では衣料品を買ったのだとわかれば、それで問題ないからです。

こんなときは、わざわざ想像する以前に、さっさと飛ばし読みしてしまいましょう。

もし、まったく想像もつかない単語に出会ったときは、そのことが「いいか」「悪いか」「好きか」「嫌いか」で想像してください。

「私はその計画に（　　）だ。なぜならそれにはいいアイディアがたくさんあるからだ」とあった場合、ここには「賛成だ」とか、「好きだ」といった意味が入るに違いありません。

また、「私はその計画に（　　）だ。しかし、その計画には多くの見るべきものがある」とあれば、カッコの中は「反対だ」「疑問だ」など批判的な言葉が入るでしょう。

かなりむずかしい論文の場合にも、それを書いている作者が、その内容に肯定的なのか、それとも批判的なのかを想像するだけで、論文の内容がわかってきます。

わからない単語があると、つい辞書を引きたくなる気持ちはわかります。辞書を引けばそこに答えがあるように思えるからです。

でも実際にやってみればわかりますが、辞書を引いたからといって、文章の意味がクリアになるわけではありません。文章全体の文脈をつかめていなければ、その単語のどの意味が適切なのかの判別ができないからです。

ということは、そもそも辞書を引く必要がないということです。

読み飛ばして全体の意味がつかめていれば、単語一つひとつの意味にこだわる必要もないからです。

だから私はよく「辞書を引くバカになるな」と言うことにしています。

辞書を頼らなくても、あなたのもっている知識で、内容を想像できるからです。

似た意味の単語が必ずある

次ページの「ジャクソンの英文」の表を見てください。

英文を読む際に覚えておいてもらいたいのは、作者は同じ単語をできるだけ使わないように

●「ジャクソンの英文」

次の文は第７代アメリカの大統領になったジャクソンについて書かれた文です。

Born on a hot summer's day in the Southern United States in the year 1767. The man who would become the seventh president of the United States of America, came from a humble beginning, having been born to poor Irish immigrants. Tragedy occurred early in Jackson's life, when his father was killed in a logging accident just a few weeks before he was born; loss of family became a continuing theme in Andrew Jackson's childhood.	このhumbleという単語の意味がわからないとき、これとほぼ同じ意味の単語はどこか探します。 そうすると次のところに、貧しいアイリッシュの移民だとあります。 上の文はジャクソンは始まりは(humble)であった、貧しいアイリッシュの移民だったからだ。これでhumbleの意味が貧しいとほぼ同じ意味だとわかります。 またloggingの意味がわからない場合も――彼が生まれる1週間前に父親が(logging)事故で死んだとありますが、こんな場合あえてどんな事故か知る必要はあまりありません。 こんなとき飛ばし読みすればいいのです。 次のloss of familyの意味は父親が死んだということです。これが彼の子ども時代にずっと(theme)だったというのですから、問題だったとなればいいのです。 本来この単語はtheme(テーマ)ということです。テーマとは主題といった意味ですよね。これからこの文では「父親が死んだことがジャクソンにとって長く続く課題となった」という意味だとわかります。
As a result, he often changed schools, but with little love for education in general he eventually stopped going to school.	このdropoutがわからないとしても、上の文でstopped going to schoolとありますから、退学したと理解できます。ただこのドロップアウトという単語は日本語でふつうに落伍者といった意味で使います。
As a 12 year old dropout, Jackson was a burden and a source of worry for his mother because of his crude language, love for fighting and making trouble. She insisted that her son change his ways and study to become a Christian minister, but this hope would never be realized. Jackson continued his behavior, and would go on to be an arrogant and easily angered man for the rest of his life.	a source of worry for his mother 母にとって心配のもとということですから母にとって悩みの種だったということであり、たとえその前のburdenがわからなくても飛ばして読めばいいのです。 arrogantはやや難しい単語です。この意味も後ろのeasily angeredとほぼ同じ意味だとわかるでしょう。easily angeredはすぐに腹を立てる男という意味ですから、arrogantも同じような意味(いばった)と想像できるでしょう。2つの単語が続いている場合はこのようにほぼ同じ意味ですから、これもあえて訳さなくても、全体の意味は理解できます。 この文は、ジャクソンは貧しい移民の生まれで、事故で父親を亡くし、そのためいわゆる不良になって、学校を退学し、母親の心配の種になった。こういった喧嘩好きの性格は一生変わることはなかった、という大筋を理解できれば、たいてい問題は解けるようになっています。

＊英文はリトルアメリカ教育センターの英会話講師によるオリジナル。

する傾向があるということです。

つまり、ちょっと見慣れない単語があっても、前後に必ず似た意味の単語があります。

すなわち、どの単語とどの単語が同じ意味なのかを想像できれば、訳は簡単になるのです。

大切なのは、すべての単語を訳す必要はないということ。かなりの単語を飛ばしても、全体の意味はつかめるということなのです。

だから「この単語わからないな」と思っても、すぐにスルーしてわかる単語から全体の意味を推測してください。

入試問題は大意がとれれば解答できる設問がほとんどですから、これからは小さな部分にこだわらず、全体の意味をつかむように読んでいきましょう。

大意がわかってこそ、細部もわかる

入試問題では、大意がわかっても細かい部分が訳せなくて点を落としたという人がいますが、それもある意味では正しいことかもしれません。

しかし、大意がわかってこそ、細かい部分も想像できるのです。

たしかに問題をつくる側としては、それまでの流れと変化している部分を、出題の対象にしたくなるものです。そうした箇所は意味が微妙に変化していますから、やや注意深く読まないと意味をつかみそこないます。

でも別の言い方をすれば、そうした箇所は読み手側としても興味のわく部分ですから、見逃す確率も低いということ。ですから、もし見逃して出題に解答できなかったなら、やはり長文の読み取りが甘かったということになります。

ただ、こういった失敗は、英文をたくさん読み、慣れてくればおのずとわかってきて、解消されていくものです。

また、文法で学んだことや、イディオムとして覚えたものが、細かい意味の違いを解釈するための大きな手助けとなります。

文法のポイントやイディオムは何度も長文中に出てくるはずです。そんなとき、「これは文法でやったな」とピンとくるようになると、文中の細かい意味や、意味の違いがわかってきます。

だから長文を読みながら、文法やイディオムを覚え直す作業がものすごく大切なのです。

覚え直しながら、「あっ、これは昨日の長文に出てきてたな」と気づけるようになれば、両方が相互に作用するようになりますから、文の意味が明確に読み取れるようになるのです。

わからなければ前後を読め

そして、もしわからない箇所に遭遇したら、そこだけ何度も読み返しても意味がとれるようにはなりません。必ず、前後を読んでください。

前のところから読み直して、意味のつながりを確かめていくのです。

多くの人は、わからないところばかりを集中的に読むだけなので、いつまでもわかりません。わからないところは何度読んでもわからないのですから、それを読み解くためのヒントが必要です。

そのヒントは、当然その他の部分にあります。

ですから、わかっているところを何度も読んで、ヒントを探し出せばいいのです。

このように英文を読むときは、わかっているところを何度か読み直し、全体の意味を頭に叩き込んでください。そうすれば必ず話の筋がわかってきます。

わからない部分があったとしても焦る必要はありません。今の勉強を続けながら少し時期を待ちましょう。すべてが「わかった」と言える日がきっときます。

そう信じて努力を続けてください。

同じ文章を何回も読む

長文をすらすら読めるようになるための近道は、とにかく同じ英文を何度も読むことです。

私たちが日本語の文章を読む場合、たとえはじめて読む文章であっても、すらすらと読み進めることができます。なぜでしょうか？

それは、はじめて出会う文章であっても、単語やフレーズはすでに知っていたり、聞き覚えのあるものだからです。

「こういう言葉が使われているからには、次はどういう言葉がくるはずだ」と無意識のうちに予測しながら読んでいます。というのも、私たちはすでにたくさんの日本語を知っているからです。

それと同じ効果を発揮するのが、同じ英文を何回も読むことなのです。

一度読んで内容がわかっても、すぐ別の英文に移らずに、さらに五回でも十回でも二十回でも、何度も繰り返し読むことが大切です。

その際のポイントは、ただ上っ面の意味をつかむだけではなく、内容はもちろん、構文も確認しながら読むこと。

「この関係代名詞はこういう使い方だったな、なるほどな」とか「この比較の構文は訳しにくかったけど、ポイントはここだったな」など、頭の中でいろいろ確かめながら繰り返して読んでください。

そんなふうに何度も読むうちに、自然と読むスピードが速くなってくるはずです。

同じ文章を何度も読むと、先に書いてあることが予測できるようになります。

そうです。日本語と同じ感覚で読んでいるということになるのです。

「でも、何度も読んでいる文章だから、速く読めるだけでしょ？」

そう思ったあなた、欲張ってはいけません。

何度も読んでいる文章を速く読めることが、第一歩です。この段階を踏んでこそ、どんな英文でも読みこなせるようになるのです。信じてやってみてください。

では、何度も読み込む文章はどんなものがいいのでしょうか？

あまりに簡単すぎるものはすぐに飽きてしまうので、ちょっとだけ自分にはむずかしいかなと思うくらいのものがいいと思います

大好きな小説を何度も読むのもいいし、受験用の英語構文の教材で、五〜十行程度の文章を集めてあるものもおすすめです。こうした教材は文章が短いので、何がポイントかがすぐわかるという点でも、効果アップにつながります。

合格体験記

楠 龍佑さん
青山学院大学
（大分東明高校出身）

僕は、高校入試で失敗しました。そして、志望校ではなかったけれど合格できた高校に進学しました。そのためなのか、何をするにしてもやる気が起きず、部活をしてもすぐやめてしまいました。もちろん、勉強はまったくしませんでしたし、毎日友だちと遊んで暮していました。

正直なところ、ときには度が過ぎることもあって、親や先生、学校や周りの人たちに迷惑ばっかりかけていました。こんな生活をしながらあっという間に高校三年生、受験の年を迎えました。いざ進路を決めるときになって、僕はどこの大学にも行くことができないとわかりました。

このままではさすがにやばいと思っていたとき、僕は、自分の人生を変えたといっても過言ではない友だちに出会いまいした。彼は僕と同じくらいの成績だったのですが、ある日突然「俺、MARCH*に行く！　塾の先生を信じて頑張る」と言っていたので、その塾を教えてもらって、とりあえず話だけ聞きに行きました。

塾に行って面談をしているうちに、先生から志望大学を聞かれ、僕は思い切って冗談交じりで「慶應」と言いました。すると先生は「わかった。目指そうよ！」と言ってきました。このときの心境を思うと、「この人、正気か？」と思いましたが、話をするうちになんだか行けるような気がしてきて、早くこの塾に入りたいと思いました。

僕はこの塾に入ると同時に周りの人を見返す、高校受験で失敗したときの借りを返してやる、自分を変える、と意気込んでひたすら勉強することを決心しました。

＊MARCH（マーチ）とは、明治大学（M）、青山学院大学（A）、立教大学（R）、中央大学（C）、法政大学（H）の頭文字で構成された用語。

こうして高三の夏から本格的に塾に通いだし、勉強生活が始まりました。僕は何の知識もなかったので、最初は英単語をひたすら覚えました。塾の方針としては一週間分の課題を決めて、それをテストしていくというものでした。比較的覚えるのは嫌いではなかったし、まわりの人に早く追いつきたかったのでひたすら勉強に励みました。先生はこのテストでよい点を取るととても褒めてくれるし、僕の中でも褒められることがとても嬉しくて快感でした。自分では褒められて伸びるタイプだと思っていたので、どんどん勉強して褒められようとも内心では思っていました。

僕は最初、浪人なんて恥ずかしいものだと思っていました。人よりも遅れて大学に入り、年下と同じクラスで授業や大学生活を送っていくなんてとても嫌だと思っていました。しかし、この塾で日々を過ごしていくうちに考え方も変わりました。塾にはKさんという浪人生がいました。僕と同じように、高校の頃はあまり勉強をしておらず、自分を変えるために浪人をしている人でした。Kさんは本当にいい人で、僕にいろいろなことを教えてくれました。とてもメンタルが強く、気持ち一つで生きているような人です。僕はメンタルがとても弱く、なよなよしていたので、ときには注意もされました。Kさんはまわりに流されず、一人で黙々と勉強をしていたので、まさに浪人生の鏡のような存在でした。この人とともに勉強しているうちに、いつの間にか僕はこの人に追いつこう、追い越そうなどの闘争心も芽生えました。授業中に先生たちから何を聞かれても正確な答えで返して、何一つ抜け目がありませんでした。僕はこの先輩の背中を見て、日々勉強に励みました。毎日一緒に帰って、何気ない会話で笑い合って、僕にとっては至福の時間のように感じました。浪人って大変だけど、恥ずかしいことでもなんでもないなって気づかせてくれた先輩でした。

そして始まった浪人生活。僕は私立文系の受験なので科目は英語、日本史、国語です。先生からは受験に受かるためには日本史ができないと絶対ダメだと何度も言われました。先生の口癖には「日本史で偏差値七十以下はまだ人間じゃない」というのがありました。激しい言葉に聞こえるかもしれませんが、浪人生ということもあり、『覚えれば、誰でもすぐにできる日本史をやれなくて、どこの大学に受かるのか』という意味です。僕は覚えることは得意だと言いましたが、覚えたものがなかなか定着せず、覚えては忘れの繰り返しでした。

努力することが僕のすべてだと思っていたので、人よりも多くの問題集を買って解いたり、人よりも多く一週間分のテストを増やしたりしました。あるとき、先生はこんなことを言ってました。

「私たち先生だって人間だ。生徒一人ひとりに対して教えるのはもちろんのことだけど、やる気のある人にはその分こちらも必死で向き合いたくなる。だから一生懸命勉強して、その姿勢を私に見せなさい。私をやる気にさせなさい」

これを聞いたとき、僕はすぐに「行動で示して、僕に対して先生を必死にさせたい！」と思いました。わからないことがあったらすぐに先生に聞いて、悩んだらすぐに先生に相談して……たぶん僕はこの一年間で一番先生とかかわったと思います。先生とかかわる回数が多いということは、いろいろな話もできるし、知識も増えるし、アドバイスももらえるし、自分にとっていいことばっかりでした。

入試のために上京する前日、先生に最後の挨拶に行きました。そのとき、先生はいつもどおり接してくれて、メンタルの弱い僕に言いました。

「一つダメだったからって絶対気にしないこと。その日の受験がダメでも、それは、次の日の試験とはまったく関係ないこと。自分の中で負の連鎖をつくってはいけない」

本当に先生の言葉は僕を救ってくれるなぁと思いながら、その言葉を胸に入試に向かいました。

そして、なんと僕は青山学院大学に合格したのです。僕にとっては無縁だと思っていた大学だったので、合格発表サイトで自分の受験番号があったときは震えが止まりませんでした。僕が先生や親、支えてくれた人たちにできる恩返しは合格することしかなかったので、すぐに連絡をしました。親は泣いて喜んでくれたし、先生からもおめでとうと言ってもらえたし、これが努力の実った瞬間なんだなと実感することができました。高校受験に失敗して、だらしない生活を送っていた日々を考えると、まるで人生が百八十度変わったかのように思えました。人って頑張れば変わることができるんだなと初めて実感しました。

この一年間を振り返ってみると、本当にあっという間でした。浪人をとおして勉強面だけでなく人としてもすごく成長できたように思えます。僕の性格はなよなよしていてまわりの人からバカにされがちだったので、先生から「バカにされるようなことがあったら絶対ダメ。しっかりと自分を持ちなさい」と怒られたこともありました。気の利かない僕に「もっとまわりをよく見て気を利かせる人になれ」と言われたこともありました。こういった一つひとつの言葉が僕を一年間で成長させてくれたのだと思います。勉強だけでなく、人として成長させてくれた先生たちには本当に感謝してもしきれません。何一つわからない僕に優しく面白く、ときには厳しく指導してくださり本当にありがとうございました。僕にとってこの一年間は絶対に忘れることのない、大切でかけがえのない思い出になると思います。

そして最後に受験生のみなさんに対して僕なりのアドバイスです。世の中には少し勉強するだけで成績が伸びる人もいます。でもそんな人は稀であって、ほとんどの人たちは違います。何事に関しても努力あるのみだと思います。苦しい中で、どれだけ我慢して、どれだけ粘れるかが勝負のカギになると思います。実際、僕だって偏差値四十あるかないかだったのに、努力をすれば、自分が誇りに思えるような大学に合格できたんです。素直になって努力をして、我慢もして、最後まで頑張ってください！

④リスニングとスピーキングは一緒に鍛えよ

リスニングは何のため？

リスニングは何のためにやるのでしょうか？　聞く力、耳を鍛えるためにやるのですか？

そう思っている人が多いと思いますが、実はそうではありません。

本来の目的は、「速く読めるようになるため」です。

英文を聞いて意味がわかるということは、その英文を瞬時に訳していることになります。

英文を聞く場合、目で読むのと違って、ほとんど意味をなさない単語は――たとえば前置詞や「that」「which」などの単語はあまりはっきり聞いてはいません。

意味のある単語のみを聞いて、理解していっているのです。

この理解の仕方はもちろん、目で英文を追う場合にも適用できます。意味のある単語だけを追う読み方をすれば、英文をものすごく速く読むことができるようになります。

ですから、リスニングは英文を速く読むために非常に役に立つのです。

最近は、大学入試でも、かなりの長文が出題されています。「時間が足りなくて、最後の一問は全然解けなかった」という人が多いのです。「あとで最後の問題を解いてみたら、ほとんど正解だったから、時間さえあれば、もっと点数が取れていたのに」と言うのです。

こうした生徒に必要なのがまさに、速く読むということです。この傾向は、入試制度が変わったあとでも、間違いなく続くことになるでしょう。

耳を鍛えるためではない!?

リスニングをすれば速く読めるようになるとお話ししましたが、さらに速くなる理由がもうひとつあります。

初心者はふつう英語を読むとき、単語単位で読んでいます。一個一個の単語の意味を確かめながら読みます。

しかし小さい頃からたくさん英語を聞いて育った子は、意味が完璧にはわからなくても、日本語を読むときと同じように文単位、フレーズ単位で読んでいるのです。

私は多くの人に受験英語を教えてきましたが、なんとなく英語をすらすら訳していく生徒と、ある程度勉強しているのに、訳すときにあまりにも不自然な訳をしたり、日本語としておかしな訳になっているという生徒を見てきました。

「この違いは一体どこにあるのだろうか？」と、それらの生徒が今までどのようにしていたのかを聞くようにしたのです。

すると、うまい日本語に訳せる生徒は、小さい頃から外国人に英会話を習っていたという生徒が多いのに気づきました。そうした生徒のご両親は、たいがい自分も英語に興味を持っていて、子どもを小さな頃から英会話教室に通わせている場合が多いようです。

そうした子の多くは、英検二級の試験に小学生でどんどん合格したりします。

要するに、英語を聞くことにとても慣れているのです。

彼らは勉強として英語をやってきたわけではありませんから、単語一つの意味よりも、センテンスそのもので意味を知るということに慣れているのではないかと思います。

したがって、比較的に簡単な英文ならどんどん読んでいきます。

ただ、こうした生徒は受験勉強として真剣に英語に接したことがないためか、いざ大学入試となると、いつまでも単語やイディオムを覚えようとしなかったりして、マーク方式の簡単な問題はなんとかこなせるとしても、大学の二次試験には到底対応できないということになりがちです。

また不思議なことですが――しかし厳然たる事実なのですが、「小さい頃から英会話を習っていてすでに英検二級をもっています」と言って私のところに来る小中学生の中には、英検二級よりもずいぶんやさしいはずの高校入試の問題すら、まったく対応できないという場合がけっこうあります。

「まさか！　そんなことないでしょう」と思うかもしれませんが、実際に何度もありました。

とは言え、「大学に絶対受かるぞ」と勉強する気持ちのあるみなさんなら大丈夫。

こうした事実をうまく利用しましょう。

今から英語を始めるあなたも、ぜひ英語を耳で聞いて、センテンス単位で英文を読めることに慣れるのです。

英語は映像化して聞く

英語の単語やイディオムをある程度覚えたら、英文のリスニングを始めてください。これは長文を読めるようになるために必要なことです。

もちろん、簡単な英文を自分で読むのも一つの方法ですが、私は耳で聞くのをおすすめします。

最初に聞きまくる教材は、やはり会話文がいいと思います。最初からあまりにむずかしい文章を聞き取るのは楽しめませんし、長続きしません。真似して言ってみるのも、会話文の方がやさしいでしょう。

ただ、単語や短いセンテンスだけでの初級英会話のようなものはおすすめしません。ある程度の長さが必要です。

会話文でなくても、理解しやすい自分の好きな内容の物語でもいいと思います。

長い文章をじっと聞いて、内容を覚えておく訓練をすることが重要です。

ほとんどの人がリスニングで感じるのは、「日本語と違って、英語だと聞いた内容を覚えておくのがむずかしい」ということです。英文が長ければ長いほど、字で覚えておくのは大変になります。いちいち日本語に訳していては、次から次に流れてくる英語を聞き取れなくなります。

そこで実践してほしいのが、聞いている内容を頭の中で映像化することです。

たとえば、マーガレットさんという人が出てきたら、その人を頭の中でイメージして、「買い物に行った」「△○を買った」といった具合に、その人を動かしていくのです。

こうして映像化しておくと、字で覚えておくよりも記憶に残り、あとで苦労なく引き出すことができます。

同じスピードで言ってみよう

英文を聞いたらすぐに真似して言ってみる。これをシャドウイングと言いますが、一番大切なのは、同じスピードで言うことです。

はじめから同じスピードで言うのはかなりむずかしく、何度も繰り返さないと同じスピードではできません。おそらく十回程度言ってみたぐらいでは、できないと思います。

どうしても同じスピードで言えない場合は、センテンスを区切ってフレーズごとに発音してみてください。一つのセンテンスを二、三フレーズに分けて言ってみて、最後にもう一度センテンス全体を言うのです。

この場合、同じセンテンスを二十〜三十回も繰り返すことになりますが、今度はその抑揚も真似してみましょう。ネイティヴスピーカーになったつもりで、ジェスチャーも交えながら言うのです。

イントネーションも同じにするのはかなりむずかしく、完全にできたと思っても、もう一度言ってみようと思うと「どんなだったかな？」とわからなくなるものです。そしてもう一度音声を聞いてから言うということになります。

このように何度も聞いて、その音声と同じスピードで、同じイントネーションで言えるようになるまで練習してください。

はじめは気の遠くなるほど時間がかかりますが、慣れてくれば同じスピードで言うのも簡単になり、イントネーションを真似ることにも慣れてきて速くなります。

英文は「口覚え」で一生ものにする

英文を覚えようとする場合、ただ目で見て覚え込もうとする人が多いと思います。たしかに速く覚えられるのですが、そのかわり忘れるのも速いというのが難点。

そこでやってもらいたいのが、口で何度も言って、口に覚えさせることです。

口で覚えるのは、たしかに時間はかかりますが、しかし覚えてしまうと、一生忘れないほどしっかり記憶に残ります。

ある日、夫と友人二人と四人で車に乗っていると、カーステレオから英語の教材が流れてきました。すると夫がその教材のあとについて言い始めたのです。

そして、隣にいた同級生も同じようにその英文をすらすらと言うのです。もうひとりの友人は、さも不思議そうに「えっ、これってなんなの？」と目を丸くしていたのを思い出します。

かかっていたのは、私たちが高校生の頃、塾で何度も聞いて覚えた教材でした。

とくに夫ともう一人の同級生は高校一年生の頃、毎週日曜日にこの教材を暗記してテストを受けていたのです。あれからもうすでに二十年近くたっているのに、教材を耳にした瞬間、あのときの記憶がよみがえって、自然と口から英語が出てきたのです。

そうなんです。夫も友人も何十年もたって忘れたと思っていたのに、口で覚えた記憶は何かのきっかけですらすらと思い出せるのです。

このように、口が覚えた知識は、何年たってもよみがえってきます。ところが、ただ頭で覚えた記憶は、要点は覚えているとしても、正確には覚えていないものです。

口覚えで覚えたものの場合、実際に口に出して言ってみると、「あれ、どこか変だな？」と感じます。そして何回か言ってみると、「ああーこうだった」と正解を思い出すのです。

たとえば「in」だったか「on」だったか、どっちだったか迷いに迷って、あげくの果てにまちがっている方を書いてしまい、失点したという経験はありませんか？

これは頭覚えだけですませてしまった結果です。でも口覚えの場合は、口で言ってみると、

「あ、こっちだった！」とすっきりわかることが多いのです。

これは、ネイティヴの場合も同じような気がします。

あるイディオムが「in」だったか「on」だったかをオーストラリア人に尋ねたことがありました。すると彼女も口で何度か言ってみて、「あーこっちですよ」と教えてくれたのです。

私たちが日本語の言い方を確かめるときも同じことがあります。

どちらの言い方が正しいか、口に出して言ってみるとわかるケースはよくあることです。

口覚えは、頭覚えよりも時間が何倍もかかりますが、忘れにくく、正確です。

とくに忘れやすい単語やフレーズは、何度覚えても必要なときにやっぱり忘れているということが多いもの。「今度こそしっかり覚えたぞ」と思っていても、やはり何か月かして、いざというとき、また悩むのです。

口覚えは時間がかかりますが、一番確実な知識となります。

毎日違う英語を聞き流すのは効果なし!?

「とりあえず、毎日何か英語を聞いていたらそれでいいんですか？」

こう生徒から質問されることがよくあります。

でも残念ながら、何でもいいから聞けばいいわけではありません。できるだけ早く結果を出したいのであれば、毎日違う英語を聞くのは効率が悪いと思うのです。

もし、あなたが留学中で四六時中、英語を浴びているならいいですが、そうでもない限り、できるだけ効率的なやり方を選ぶべきです。他にも勉強しなければならないことがたくさんあるわけですから、効率を考えて悪いはずがありません。

英語を話す第一歩は、頭の中に文章がいっぱい入っていて、それを必要なときにすらすら出せることだと思います。口に出して練習した言葉でなければ、必要なときにすっと出てくることはないのです。そう考えると、できるだけ毎日同じ英語を聞き続け、それを口に出して言う練習をした方がいいのです。

「毎日同じ英文を聞くだけだと飽きてしまうのでは?」と思う人もいるでしょう。たしかに、何度も聞くためには楽しいことが大切ですから、そんな場合は、自分のお気に入りの教材をいくつかもち、それを順番にどんどん聞くといいでしょう。

5 知識が増えても、なかなか成績が上がらないなら!?

日本語力を身につけよう

問題なのは日本語力

とてもまじめな生徒で――言われたとおりに単語もイディオムを覚えたのに、成績も偏差値も上がらないという生徒がいました。

さまざまな受験本で「この方法ですぐに上がった！」などと書かれていますが、これは単に英語の知識がなかった人たちのことです。このような生徒は、知識を詰め込めば、さほど問題なく成績も上がります。よくあることなので、奇跡でもなんでもありません。

私がもっと応援したいのは、頑張り屋で知識もある程度ついてきて、勉強も続けているのに、成績が上がらないという人たちです。

よく「僕はあいつより単語もイディオムも知っているのに、この前のテストでもあいつに勝てなかった」とこぼす生徒がいます。彼らの苦しみは深刻です。

「自分の方がはるかに勉強しているのに、どうしてあいつに勝てないんだろう」「なぜなんだ」

と悩む気持ちはよく理解できます。一緒に「本当だよね。勝てないなんておかしいよね」と言いたくなります。

私たちが成績を上げてあげたい生徒は、このような生徒たちです。

今まで何人も、こうした生徒たちに出会ってきました。

彼らがもつ共通の問題点は、国語力に欠けているということ。

つまり、日本語力が足りていないのです。

たとえば、国語の偏差値が二十九だったある生徒は、単語帳の「月食」という日本語を見て、宇宙飛行士が食べる食事だと思っていたと言います。また、「民話」とは「みんなが話し合いをすること」だと思っていた生徒もいました。

まるで冗談のような話ですが、真実なのです。

世に出ている参考書は、残念ながらこうした生徒を対象にしてくれません。日本史にしろ世界史にしろ生物にしろ、どんな科目であれ、同じことです。

そのため同じ参考書を使っても、理解できる生徒と、できない生徒が現実には存在します。

以前、ある生徒が英語の単語を覚えるのに、国語の辞書を横に置いて取り組んでいました。「英語の単語は国語の辞書には載ってないでしょ」と冗談で言うと、まじめな顔でその子が「単語帳の訳でわからない言葉が多いから、辞書で調べるんですよ」と言うのです。

やはりびっくりしたわけですが、そのとき私は、生徒に説明する際には、自分の使う言葉を生徒が明確に理解できているか確かめながら教えなくてはいけないのだと悟りました。

また単語帳の訳語も、できるだけむずかしい言い回しを避けるようにしました。

一般的な参考書は、このような前提ではつくられていません。

しかし、大人が常識だと思っている日本語がわからない生徒が、現にたくさんいるのです。

まずは日本語の漢字、熟語を覚えなさい

英単語をたくさん覚えても、日本語の意味がわからないから、取れるはずの点が取れていない。そしてその結果、「こんなに勉強しているのに、成績が上がらない……」と落ち込みます。

でも落ち込んでいる暇があったら、始めましょう！

まずは日本語の単語を覚えてください。漢字、四字熟語などの知識を強化することです。通常、覚えるべき入試漢字は千二百程度ですから、これも英単語の要領で一日二百進みます。すると約一週間で仕上がります。四字熟語もこの調子で仕上げるのです。

これは、英語の点を上げるのに、まず単語を覚えることから始めるのと同じことです。

ただ現代文（国語）の場合、単語を覚えたからといって、すぐに成績が上がるわけではありません。

これらの知識がつくことで現代文の読解力はかなり上がりますが、でも一気に上がるというものでもありません。

あまり英語の単語を覚えていないのに成績がわりとよいという生徒は、もともと日本語の知

識があるからです。

また、雑学が豊かなのも成績が上がる一因となります。たとえば、クイズ番組の出演者には東大、京大など有名大学の出身者も多く、彼らは雑学に詳しいわけですが、それは小さい頃からたくさん本を読んで知識が蓄積されているからです。

もし、あなたが打ち込んできたものがスポーツだったり、本はあまり読まなかったというのなら、日本語力に欠けていても仕方がありません。

今から身につければいいのです。

ただし、国語ができないからと言って、すぐに国語の塾に行くのはやめてください。

なぜかというと、国語はなかなか成績が上がらないからです。英語、数学、国語の三科目のうち勉強すればすぐに結果に表れるのは、まず英語。次に数学、国語なのです。

ただ面白いことに、国語ははじめから、一番いい生徒と、悪い生徒の成績の差があまりありません。もちろん出題の内容にもよりますが、一般的に言っても、トップの生徒が八十五点取ったときでも、最低の生徒の点は三十〜四十点程度です。その差がそれほど大きくはないのです。

だから必ず出題される漢字の問題で満点を取れることが――たとえばそれが五点であったとしても――大きな得点源になると言えます。

つまり、国語は飛躍的に点を上げるのがむずかしい科目なので、小さな点の積み重ねが大切なのです。言い方を変えれば、あまり急いで勉強する必要がないということでもあります。

ですから、一番成績が上がりやすい英語を勉強して成績が上がらない場合、国語の中でも現代文を勉強してください。もし今、現代文の力がかなりあるなら、すぐに現代文の勉強を始める必要はありません。

それよりも高得点を期待できる英語、数学に全力を注ぐべきです。

そして、この二つの科目の点が上がったら、漢文・古文を含め国語に力を向けてください。

マーク方式の問題で現代文の力を強化！

現代文の勉強をする場合は、まずはマーク方式の問題集をやってください。

このマーク方式が初心者には好都合なのです。

理由は単純です。初心者の場合、マーク方式ではない問題を解答しても、それを正解と見比べて正しいかどうかを判断するのがむずかしいからです。

その点、マーク方式は、実際の解答が書かれていますから、設問を解答と見比べて、こういう設問にはこのように正解を書けばいいのだということが明確にわかります。

要するに、模範解答が書かれているわけです。だからその解答を何度も見直せば、正確な解答が書けるようになるのです。

実際、現代文の成績がものすごく悪かった生徒が、この方法で現代文の問題に得点できるようになって、早稲田の法学部に合格しました。

現代文を解く際、とくに大切なのは、問題の文章を読んで自分の意見を述べるのではなく、作者の意見を書くということ。

つまり、正解は必ず本文の中にあるということを、いつも意識するのです。

つい自分の意見を加えて、自分で判断した意見を選択してしまう人がいますが、それは避けなくてはいけません。あくまで本文の作者の考えを選択してください。

このマーク方式を実践する場合は、問題集に書いてある標準時間よりも短めに、具体的には半分〜七割の時間でやるようにしてください。そのあと、解説をよく読んで理解します。

これを毎日一時間やると、二、三か月後にはかなりわかるようになるはずです。

もし、三か月たってもまだ正答率が上がらない場合でも、あまり気にしないでとにかく続けてください。

信じてひたすら続けよう

現代文の力が上がれば、たしかに英語の成績も上がります。

しかし簡単ではありません。すぐには上がらないことだってあるのです。

そんなときは、じっと歯を食いしばって頑張るよりほかにありません。ただ続けるのです。

他の人と比較して「あいつは成績が上がったのに、自分は上がらない……どうしてなんだ」と思い悩んでも一点も上がりません。

人と比べて落ち込むことほど意味のないことはないのです。

今すぐやめて、「今日も自分はしっかり勉強できた」ということに満足してください。

勉強しているのに、こんなに努力しているのに、成績がついてこないのは苦しいことです。多くの生徒が、ここでつまずいて、つい勉強から遠ざかっていきます。

でも、決してここでやめてはいけません。

どんなに苦しくても、どんなに成績が上がらなくても、じっと耐えるのです。

こんなふうに耐えるとき、人間はぐっと成長します。

多くの人が、実はあとほんの少しで一気に成績の上がるところまで来ているのに、耐えられなくなって「もうイヤだ」とやめていくのです。

こんなにもったいないことはありません。だから、信じて続けてください。

どんなことがあってもやめない気持ちをもつのです。成功はいつも、あなたが流す悔し涙の先にあります。苦しくても耐えられる人間に変わっていくことが、あなたを成長させます。

だから――本気で耐えてください。そして、こう思うのです。

「もし、ここでやめたら、自分の人生もここで終わりになってしまうのだ」と。

どんなことがあっても、ここで止まるわけにはいかない。今やめれば、もう二度と進歩するチャンスは巡って来ないのだ。

そう決心して、続けてほしいと思います。必ず最後には報われるのですから。

実践付録 1

勉強名人になるための勉強計画の立て方

【教材を決めるコツ――欲張って厚い本を選ぶな】

あなたは今、やる気に満ちあふれています。それは素晴らしいことです。

そんな人が選んでしまいがちなのが、分厚い参考書や問題集。

気持ちはわかります。やる気がある人ほど、そういう本を選びがちです。

そして、その本を買って帰って、やり始めます。最初の何日かは頑張れるでしょう。

しかし一週間後、まだちょっとしか進んでいないのを見ると、げんなりするはずです。

「こんなにやっているのに、まだまだだなあ……これって、いつ終わるんだろう……」と飽きて嫌になってくるでしょう。その本がそのまま放置されるのも、時間の問題です。

こうした経験は、誰にでもあると思います。

だから参考書を選ぶときには、次のポイントを大切にしてください。

①できるだけ薄い参考書を選ぶ

なるべく薄い、と聞くと「えっ!?」と思うかもしれません。でも大事なのは「欲張らないこと」。最初の一冊を仕上げることが大切です。気分よく最後まで頑張れる本を選ぶべきなのです。

自分の実力に見合わない込み入った問題は載っていないものを選びます。基本を身につける段階でむずかしい問題にあたることは、無駄なだけでなく、害ですらあります。

あなたの実力に合わない本は、やる気をそぐだけで、よいことは一つもありません。

最近では、一冊の本で「基礎、標準、応用」が組み込まれた教材が多く出版されています。

そうしたものの場合は、まずは「基礎」だけをしっかりやってください。

基礎は簡単だからさっさとすませて次に行こうとする人がいますが、そんなふうに早まってはいけません。基礎の部分を全力で徹底的にやってください。

その部分だったらどこを出されても即座に答えられるよう、何度もやって完璧にするのです。

この基礎の部分を、他のどんな部分ともごっちゃにならないようにきちんと覚えれば、それが記憶の土台となって、応用的な知識もしっかりと定着していくようになります。

②問題集は解説の詳しいものを選ぶ

解答にほとんど解説が載っていない問題集は、ひとりで勉強しようとするときには絶対に選んではいけません。これはものすごく重要です。学校の宿題プリントでも、答えのないものは解かない方がいいと私がつねづね言っているのと同じ理由です。

答えだけで解説が載っていない本の場合、まじめな人は自分で調べます。英文法の問題集だったら、文法書を広げて、これでもない、あれでもない、と同じような例文を探すのです。

でも文法書には、すごく細かな例外まで載っていますから、調べても調べても、いろいろありすぎて、実力のない人にはわからないのがふつうです。

問題集の解説を読んだら、他の本まで引っ張り出して深追いしない。

これが問題集を解くときの鉄則です。

【やる気が続く勉強計画の立て方】

やる気があって、やり遂げたい目標があるからこそ、計画を立てて頑張ろうとするわけですが、計画は立ててみたものの長続きせずに計画倒れ……ということもよくあること。

どうして計画倒れになってしまうのかというと、やる気が続かないからではなく、やる気が続く計画になっていないからです。

では、どうすれば「やる気が続く計画」を立てられるのかをお話ししましょう。

まず、間違った計画の立て方が、こちらです。

〈間違った勉強計画の例〉

○○子の勉強計画　頑張るぞ！

1　まず学校の宿題を終わらせる

2　英単語　単語帳見開き1ページずつ（毎日20個）

3　英文法の問題集　毎日1ページずつ

4　英語読み　毎日1題　わからない単語は辞書で調べて覚える

5　数学　頑張って問題集の最初から2題ずつ解いていく
6　古文単語　毎日10個

「この計画のどこがダメなの？」と思っているあなた。次をよく読んでくださいね。

【仕上げる日を決めて逆算し、三回繰り返す計画を】

計画を立てるときに、どのくらいの期間で立てていますか？

期間を決めずに、なんとなく決める人が多いようですが、それが間違いのもと。勉強だったら、何かをコツコツやっていればそれでいいと思っているとしたら、大間違いです。勉強もスポーツと同じです。いつまでに、どれだけの成果をあげたいか、そこから逆算することが大切なのです。

たとえば、一冊の英文法の問題集を仕上げる場合を考えましょう。

①全部で何問あるのかを把握する

仕上げるまでの計画を立てるのに、一冊でどのくらいの問題数があるのかを知ることはとても重要です。この問題集は一二〇〇問あるとします。

②いつまでに仕上げたいのかを決める

いつまでにその問題集を仕上げたいか。そして、それまでに三回繰り返すためには、どういう計画がいいのかを考えます。基本的に、一回通しただけでは仕上げたことにはなりません。三回繰り返して、大体仕上がると考えてください。

③必ず一週間ごとの計画にする

その問題集を一か月で仕上げたい、二か月で仕上げたい、と決めたとしても、実際の計画は必ず一週間ごとにします。一週間ごとに見直しできるようにするのが、計画倒れにならないための最大のポイントです。

④一週間を五日と考える

人間は完璧ではありません。立てた計画をいくらきちんと進めていこうとしても、なかなか思いどおりにならないこともあるでしょう。体調が悪かったり、どうしても動かせない用事が入ったり。七日びっちり計画してしまうと、ちょっとしたことでうまくいかなくなります。

余裕をもって計画を立てたい場合は、一週間を四日と考えても大丈夫です。

では具体的にどのようにすればいいのでしょうか。

〈例　文法の問題集〉全1200問収録されている問題集を7週間で完璧に仕上げたい場合

■一回目　4週間かける

1週間に300問　→　1週間を5日と考えると1日60問

↓

毎日60問解いて、それを5日間続ける（間違ったところは必ず印をつけて、復習する）
↓
6日目に、1日～5日目で印のついているところをすべて解き直す
（間違ったところは、さらに印をつけておく）
↓
7日目には、昨日間違った問題をもう一度解きなおす
（これでも間違ったところには、さらに印をつけておく）
↓
これを4週間繰り返し、一回目終了

■二回目　2週間かける
1週間に600問
↓
1日150問×4日でまわす
↓
あとの3日で間違ったところを解き直す。後半も同じようにして仕上げる

■三回目　1週間で一冊をまわす

1日300問×4日でまわす
↓
あとの3日で間違ったところを解き直す
これで完成です

このように三回繰り返す間に、問題集にはしっかりと印がついています。

あなたが間違いやすいところには、いくつもいくつも印がついているということです。

これこそが、勉強を進める上で、あなたを助けてくれるものです。

他人の教材を借りて勉強してはいけない理由も、ここにあります。

もともとは同じ本であっても、印がついているところは一人ひとり違うのです。

授業の際に毎回プリントを忘れて「新しいプリントをまた先生にもらえばいいや」と思っている人は、大変な損をしていることに気づいてください。

「私は覚えてもすぐ忘れるんですが、どうしたらいいですか？」と相談してくる生徒がいます。

人間は忘れる動物です。

勉強は忘れる自分との戦いなのです。

だから忘れてもかまいません。忘れた分、もっと覚え直せばいいのです。

忘れないように見える人は、すっかり忘れてしまう前に、いつも覚え直す作業をしているだけなんです。そう努力して、自分の知識を保っているのです。

だから心配いりません。

忘れるのがふつうだからこそ、毎日覚え続けることが勉強なんだと覚悟してください。


【一週間ごとにテストをする】


一週間かけて仕上げたものは、必ずテストをするようにしましょう。

「一応、一回はやりました」というだけでは、やったことにはなりません。

人はテストがあるから勉強するのです。

あなたにも「明日、テストがあるから」と必死で勉強した経験があるでしょう。

もし私が生徒に、「テストはしないけれど、これを覚えておいてね」と言ったとしたらどうなると思いますか？

「テストないの!? じゃあ、覚えなくていいんだ！」と生徒がほっとした顔をしているのを見るだけだと思います。


【できれば友だちと一緒に計画を立てて勉強する】


テストをするために、できれば、友だちと一緒に勉強してください。

そして、お互いに採点し合うのがベストです。

人間はどうしても、自分に甘くなります。

友だちと一緒にやることで、緊張感が生まれるのです。

勉強していて、「今日は、ちょっと疲れたから、もう寝ちゃおうかな……」と思っても、「いやいや、○○君と約束しているから、ちゃんとやっておかないとダメだ」と思い直して頑張れるでしょう。

よく、「自分のペースで勉強するのがいい」というようなことを言う人もいますが、言い換えると「できないときは、できなくてもいい」ということにつながってしまいます。

自分ができていないときに相手がやってきていれば、自分は置いていかれる。自分だけが遅れていく。そうした状況が目に見えることが大切です。

受験はまだまだ遠くに思えるから、一週間ごとの計画にちょっとぐらい遅れが出ても大丈夫な気がするかもしれません。

でも友だちと一緒に頑張ることで、つねに受験が近づいていることを意識できるのです。

第3章

必ず！報われる勉強法 最終編

絶対合格できる選択をする！

1 大学を決めたら、一科目集中方式で行け！

合格したい大学を決める

さて、ここまではどうやって受験勉強すべきかをお話ししてきました。

ここまでのことをすべて確実に実行すれば、あなたは間違いなく勉強名人になれます。

そうすれば必ず、偏差値は十から十五程度上がりますし、目標の大学に合格できます。

でも、その前にもっとも大切なことを決心しなくてはなりません。

それは、どこの大学に行くのかということです。

通常、人が何かを決心して仕上げようとする場合、必ず一番にしなければならないことは「目標」を設定することです。

もし、あなたのお父さんがお店を経営しているとします。お父さんは「来年は売り上げを五パーセント増やそう」というような目標を立てるはずです。そしてその目標を達成するためには、どう投資して、どのような新規の顧客を開拓すべきかの計画を立てているはずです。

受験も同じです。

合格したい大学を決めなければ、あとどれだけ勉強すればいいのかもわかりません。

たとえば東大に行こうと決めた場合、今のあなたの偏差値と東大の偏差値を比べて、あなたの偏差値が五十五ならば、どうしてもあと偏差値を十五伸ばさなければならないことになります。もし九大に行きたいのなら、八ほどは伸ばさなくてはならないのです。

人前で宣言すると決意が固まる

私は初めて私の塾にきた人に「どこの大学に行きたいの？」と質問することにしています。

すると、ほとんどの生徒は「もし成績が上がったら、九大に行きたいです」と答えるのです。

この返事を聞くと、「さてさて、またきたな」と苦笑せざるをえません。

そんな生徒に「じゃあ、成績が上がるのはいつなの？」と聞きたくなります。

そんな及び腰では、目標大学の偏差値に近づくことなど決してできません。

「どんなことがあっても○○大学に行くんだ！」と、先に決心するのです。

その際、遠慮する必要も恥ずかしがる必要もありません。あなたがどんなに大言壮語を吐いても、誰にも迷惑はかからないのです。

だから思い切って口に出してください。

今の偏差値からみて、まったく可能性のない大学であっても、「行きたい！」と、両親や友だちの前ではっきり言うのです。そう宣言することによって、あなたの決心は固まるのです。

そう宣言すると、あなたの成績を知っている人はこう言うでしょう。

「何を夢みたいなことを言うんだ」「今の自分の成績を知っているのか」「よくもまあ、そんなことが言えるものだ」

それを聞いてあなたは、たぶん恥ずかしいと感じると思います。でも、それでいいのです。本気で恥をかいてください。そのときはじめて、心から悔しいと感じるはずです。

今までのあなたは「人前で恥をかきたくない」と思っていたから、本当のことが言えなかったのです。しかし、宣言したことであなたはもう後には引けなくなります。

このときにこそ、あなたは生まれ変われるのです。

みなさんはまだ十代です。自分の夢を語るとき、少しも遠慮などいりません。

人生をどう生きてどう楽しむかは、あなた次第です。他の誰も決めてくれません。

ですから大きな夢を描くことに、何のためらいもいらないのです。

そして目標を決めたら、必死になって努力してください。

そのとき、夢への扉は開かれます。

「どうせ、できないのだから」などと言って諦める時期ではありません。今、立ち上がってください。そうすれば、必ずあなたを支えたいという人に、出会えます。

そして最終的に、思い描いた夢の自分になることができるのです。

人生初の「友だち選び」をする時期

行きたい大学を明確に自分の心に焼きつけることができたら、次にすべきことがあります。

塾でも学校でもいいのですが、そこで一番勉強している人は誰かを考えて、あたりを見回してください。

すると、今までとは違う光景が見えてくると思います。

こうした視点でまわりを見渡してみると、それまでは「あまり好きじゃないな」と感じていた人が案外すごいやつかもしれないと思えるかもしれませんし、逆に「楽しいな」と思って付き合ってきた人のことが「もしかしたらつまらないやつかもしれない」と思えてくるかもしれません。

高校時代というのは、友人を選ぶのにもっとも大切な時期です。

ここで本当に友だちになれた人は、あなたの一生の友になることが多いものです。

これまでのような、何も考えずにただ楽しいとか、一緒にいると楽に時間が過ぎる、というような友だち選びの基準を、見直すべきときなのです。

もし、「こいつはすごいやつだ」と思える人がいたら、進んでその人の隣に座ってください。

今まで一度も話したことのない人だっていいのです。

あなたにとっては、友だちを選ぶなんて人生で初めてのことかもしれません。

でも、本当の友だちというのは、自分の意志で選ぶものです。選んでいいのです。

もし、あなたが一番勉強している人を選べば、あなたはその人にいつも模試の成績で負けているでしょう。それは仕方がないことです。相手はあなたよりずっと以前から勉強していたのですから、もともとの知識の量に格差があるに違いありません。覚える速度もあなたより一段と速いでしょうから、今のあなたがすぐに追いつけるはずはありません。

ただ、負けてはいけないことがあります。勉強量です。

彼が一日三時間勉強しているというのなら、あなたは四時間勉強してください。

また彼が四時間勉強しているというのなら、あなたは五時間勉強するのです。

時間には限りがありますが、もうひとつ、あなたはすでに秘策を手にしています。

それは効率のよい勉強法です。ここまでお話ししてきた、この勉強法です。

だから、あなたが彼に追いつくチャンスはまだまだあります。

そしていつか彼を追い越すのだと決心するのです。

一つの科目に集中して勉強しなさい

もし、あなたがもうすでにかなりよい成績で――たとえば十番以内に入っている場合には、自分の持ち時間を平等に振り分けて、一科目一時間ずつ勉強するというのも悪くありません。

しかし、もしあなたの成績が五十番以下だったり、後ろから数えた方がまだ早い場合は、一科目に的を絞ってください。

一つの科目を集中して勉強する方が、はるかに効率的です。

「東大に行くような人は、一日に七、八時間勉強も勉強していて、九大に行く人は五時間しか勉強しないのだ」と多くの人が勘違いしています。

けれども、これは真実ではありません。

一般的に、高校生のもっている一日の勉強時間は、五時間程度です。実際、一日五時間以上の勉強時間を捻出することはほぼ不可能です。もちろん一時的に短期間だけなら、一日八時間や九時間でも勉強できるかもしれません。しかし長期間やるとなると、無理があります。

だからこそ、考えなくてはならないのが「効率のよさ」です。

先に進んでいる生徒よりももっと効率のよい勉強方法を採用しなければ、相手を追い越すことなどできないからです。

マラソンを走っていると考えてください。

先頭を走っているランナーに追いつくには、そのランナーよりも速く走らなくては決して追いつけません。勉強の場合は、「より長く勉強する」もしくは「もっと効率のいい勉強をする」の二択しか、差を縮める方法はないのです。

でも、前を走っている生徒はもともと勉強家ですから、一日に五時間は勉強しているでしょう。となると、勉強時間で相手を超えることは、はじめからほぼ不可能だと言えます。

では、どうすればいいのか？

とにかく一科目に集中してください。

いくつもの科目に手を広げるのではなく、科目を絞って集中的に勉強するのです。

たとえば、全科目を勉強しようと思うと、自分のもつ五時間を一時間ずつ各科目に割り当てることになります。

もし、あなたが英語だけを勉強した場合、あなたは彼の五倍の五時間も英語に時間を投入することができるのです。

これであなたは、相手の五倍の速さで英語の勉強を進められることになります。

つまり、先頭を走っている相手にも、追いつけるということです。

そのかわりに他の科目が遅れてしまうのでは？　と心配になるかもしれませんが、大丈夫ですから安心してください。

知識がどんどん蓄積される

まず、自分の全力を一科目に集中してください。

そして英語、数学、国語のうち、一番成果が出やすいのは、間違いなく英語です。

前にもお話ししましたが、この三教科のうち、国語はつねに最後に勉強してください。一番点数が上がりにくいからです。

まずは英語、そして数学の成績が上がったら、国語に取りかかるのがベストです。

また、なぜ英語が数学よりも先かというと、英語は学年による区切りがないからです。たとえば英単語を覚える場合、これは一年生の単語、あちらは二年生の単語だといった区別はありません。文法も、一年生で三年分を勉強することはそうむずかしくありません。実際に私の生徒でも、本気で勉強している生徒なら、一年生で三年生の模試を受けても英語なら高得点が取れます。

ところが数学は、段階的に学んでいく科目です。そのため一年生ではまだやっていない部分が多く、三年生と対等に戦うのは至難の業です。いくら一年生でトップだったとしても、数学Ⅱ、数学Ⅲなどを終えていなければ、まったく点が取れません。

だから英語から取り組みます。英語の場合はどの勉強も三年生に通用するものだからです。そして数か月間、全力で英語をやってください。こうすると、入試に出題される知識が何度も繰り返して出てきますから、必要な知識がしっかり定着するようになるのです。

もしあなたが一日に一時間勉強している場合、ある知識に五か月に一回出会うとしましょう。五か月に一回程度では、忘れた頃にやっとまた出てくるわけですから、「ああそうだった」とまた覚え直す必要があるでしょう。

しかし五倍の時間を英語にかけていれば、五倍の速さで進むわけですから、一か月に一度はその知識に出会うことになります。

ですから、知識はどんどん蓄積されていくことになるのです。知識は出会う回数が多ければ多いほど定着します。単語と同じですね。

「いってこい」の勉強はやめなさい

株式相場で、上がったと思ったらすぐに落ちて、結局最終的には上がらない相場のことを「いってこい」相場と言います。

ある知識をいったん覚えたとします。しかしまた見直さなければ忘れます。一科目につき一日一時間の勉強では、五か月後にまた出てきて、「ああ、そうだった」と思い出す。これを繰り返すのが、まさに「いってこい」です。

思い出しはするけれど、自分の身にはついていないので、結局忘れてしまって一点を取れる知識にはなりません。

要するに、いつまでたっても定着しないのです。だから知識が増えていくこともありません。

私はこうした知識のことを「いってこいの知識」と呼んでいます。

こういうことを防げるのが、一科目集中式の勉強法です。

ある時期に一科目だけに集中的に時間を使って勉強すれば、同じ知識が短い期間に何度も繰り返し出てきますから、おのずと知識は積み上がっていきます。

これが一科目集中式のよさなのです。

「変える」勇気をもちなさい

先日こんな生徒が私の塾にやってきました。

彼が通っているのは、毎年東大合格者を何人も出すような、九州でも屈指の中高一貫校です。しかし彼の場合、入学当初は成績がよかったものの、高校生になった今ではどんどん落ちて百五十番程度だと言います。

ですから私は「勉強の仕方を変えなさい。学校について行こうと考えなくていいのでは？」と言ってみたのです。しかし、彼は自分の通っている学校に誇りをもっています。

だから、どうしてもついて行きたいという気持ちがあるようでした。学校の中で上位の成績になりたいという思いがあったのです。

「だからこそ、成績のいい生徒と同じ勉強をしていては、決して相手を追い越すことはできないのでは？ 自分に合ったもっと効率のいい勉強法を考えないといけないんだよ」と伝えたのですが、納得できないようでした。

こうした彼の反応は、有名校に通っている生徒にありがちです。

自分の通っている高校はレベルが高いから、きっといい勉強方法を採用しているはずだ、だからこれについて行くことが何よりも大切なんだ、という思いから離れられないのです。

でも考えてみてください。いくら学校がよくても、今のあなたの順位では、東大どころか、それに続く大学にも合格できないのではないでしょうか。

つまり、学校の中で、かなりの遅れをとっているということです。

だったら、さっさと方向転換して、もっと効率のいい勉強方法を採用しなくてはなりません。

たとえば、一万メートルのレースをしているとしましょう。もう先頭からは一周も遅れてしまっています。そんな選手が他の人と同じような走り方をしても決して追いつかないのです。

この際、〝ズル〟をするくらいの気持ちで、たとえばドローンみたいなものに乗って、一気に一番を走っている人の横に並ぶようなことをしなければ、追いつけるはずがありません。

もちろん、レースでそんなことをしたら違反ですが、人生における大きな競争では、斬新な方法を編み出して先頭のランナーに並ぶことができたら、大いに賞賛されるでしょう。

今まで考えられなかった新しく効率のいい方法で一気に成績を上げることは、むしろ褒められることなのです。

だから同じように走るのではなく、違う方法で、一気に成績を上げる。すなわち――課題などより自分に必要な勉強をすることが重要なのです。

そうした話をその彼にしましたが、彼は納得できずに帰ってしまいました。

彼も心の中では、かなり揺れ動いたのではと思います。しかし残念ながら、「でも、でも」と言って自分の勉強を変えられない人が多いのです。

なぜ変えないのですか？

なぜ今までのやり方に固執するのですか？

有名高校ゆえのプライドも、トラウマも、わかります。

でも自分がそのレールから外れてしまっていると思うなら、今すぐ方向転換すべきです。

今変えると、未来が変わる

さて、もう一人の生徒を紹介しましょう。

彼女は学校での成績が悪く、学校が楽しくないと言います。たしかに学校の成績が悪かったら、あまり楽しめないでしょう。

やはり成績のいい生徒の方が、おそらく先生からも大切にされるでしょうし、他の生徒からも一目置かれることになりますから、居心地がいいのが学校というものです。

だから成績が悪いと居心地がよくないのは仕方ありません。

そんなわけで、彼女がつまらないというのはよく理解できます。成績が悪ければ、課題を提出しなさいとしつこく言われます。こうなるとますます重苦しい気持ちになるのは当然です。

そこで彼女は、「高校をやめて外国に行きたい」と言うのです。

「だったら、まずは課題などやめて、思いどおりの勉強をしよう」と私たちの方針を説明しました。彼女は私たちの塾のやり方には納得できたようでした。

しかし、それでもやはり学校は嫌だから、どうしても外国に行きたいと言うのです。

それを聞いていたY先生が「あなたはただ逃げているだけよ。今言ったようにすれば、思いがけなく成績が上がると納得できたのでしょう。そうすれば学校もそんなに嫌な場所ではなくなるはずじゃない？　それなのに学校をただやめたいというのは、ただ逃げ出したいと言ってるのと同じことよ。もし日本を逃げ出して外国に行ったとしても、そこでまたこんな嫌なことが起きたらどうするつもりなの？　そのときまた逃げ出すつもりなの？」

これを聞いていた彼女は、唇を噛みしめ、はち切れんばかりの怒りを顔にたたえていました。それを見てY先生はさらに、「逃げてばかりいてどうするのよ。あなたが今やらなければならないことは、逃げることじゃない。じっと我慢することではないの？　じっと我慢して努力して自分で苦境を乗り越えていくことでしょ」と言ったのです。

すると彼女はさっと立ち上がり、席を蹴って出て行ってしまいました。

ところがです。それから一か月ほどして、彼女がまた現れました。

「あのときはものすごく腹が立ったけど……何度考え直してみても、正しいのは先生の言葉であって、私の態度ではないと思えたんです」

彼女は悶々と悩んだ末に、決心してやってきたのです。

私はこの彼女を見て、「偉いぞ」と思いました。多くの人が、多少納得しても、「でも、でも」と言い続けて、反省できないことがほとんどだからです。

もちろん、彼女もそんな気持ちを何度ももったのでしょうが、やはり考え直し、自らの誤りを認めたのです。

自分の間違いを認められるのは、素晴らしく賢明なことだと思います。

この後、彼女はすっかり変わって、黙々と勉強し続け、上智大学に合格しました。

そして今、彼女は若くして会社の社長をしています。その彼女はよく「あのとき逃げなくてよかった。戦って打破していくという気持ちが今も役に立っている」と言ってくれています。

学校の課題と受験を両立させる必殺技

多くの生徒が、右と左の方法を提示され、そして一方が正しいと判断できたとき、迷わず正しい方法を採用するかといえば、そうではありません。

前述した彼女の場合は、決心するのに約一か月かかりました、それでも即座に決心できたという範疇だと思います。

相手の言うことが正しいと思っても、なかなか決心できないことが多いものです。

その理由は、まわりの生徒と違うことをやるという不安と、そして課題をやらなければ学校の先生から叱られるという心配です。

たしかにまじめな高校生の場合、課題をやらずに先生と対立するとなると、精神的に大きな負担となります。それを避けるために、みなさんは今まで課題をやり、その結果、成績が上がらないという状態を繰り返してきたのです。

この二つをうまく調和させなくてはならないとしたら——その解決方法はたった一つしかありません。課題は、ただ写すことにするのです。

よくできる生徒の課題を見せてもらって写すのです。

ただ考慮しなくてはならないのは、課題を写す作業は勉強時間には含まれないということ。

今日は課題を写すのに二時間かかったから、これでかなり勉強したな――そう思いがちですが、課題を写すことは勉強に入りません。

なぜなら、勉強の基本である「覚えること」が何もできていないからです。

だから、ただ写す作業は勉強ではありません。

ですから、できるだけ速くすませ、あなたの勉強計画に取りかかってください。

少し前に、こんな話を聞いたことがあります。

ある高校の先生の息子さんのことです。

彼はものすごく成績がよく、東大に行けるほどでした。そして彼の父親――つまり高校の先生は、息子に必要なのは学校の課題をすることではないとわかっていたのです。

そのため「課題は自分がやるから、お前は本当に必要な勉強をしなさい」と言って、高校の先生である彼が課題をやり、息子には東大に行くのに必要な勉強をやらせていたというのです。

この話は当時、もっともらしく伝えられた話で、私にはその真偽のほどはわかりませんが、しかし、話としてはもっとも合理的で、納得のいくものでした。

ただ、考えてもみてください。

課題とは当然ながら、平均的な生徒向けにつくられたものです。

クラスが四十人で構成されていたとします。生徒の成績や知識はさまざまです。

ちょうど中間のレベルに合わせてつくられている課題は、東大に行きたいと思う生徒には簡単すぎますし、もっと下のレベルの生徒にとってはむずかしすぎるということになります。

本来は、一人ひとりに合った違うレベルの課題が出るというのが望ましいですが、現在の学校システムではほぼ不可能です。とは言え、いくつかの高校では実際に、そうした課題や授業のやり方が導入され始めています。

ただ、あなたの学校がそうではないなら、決断しなくてはならないことは決まっています。課題はやるとしても時間をかけない。

そして覚えることに全力を注ぐということです。

これまで成功していった生徒に共通する特徴は、まず第一に勉強の仕方を変えられたこと。そして第二に、変えたあとは一切迷わず、決めた道を猛進する――自分の勉強法を貫いたということ。

この二つが、合格に欠かせない必須条件なのです。

学校の課題をやるべきとき

さて、ここまでさんざん学校の課題を否定するような雰囲気でお話ししてきましたが、実は、課題をやった方がよい時期があります。

勘違いしないでいただきたいのは、課題そのものがダメだと言っているわけではないということ。私がお伝えしてきたのは、「勉強法は課題だけではない」ということです。

なぜなら、学校の課題こそが唯一の正しい勉強方法だと信じ、まじめに取り組んで、それでもやっぱり成績が上がらずに報われない多くの生徒を、私は嫌というほど見てきたからです。

そこで、確認させてください。

あなたの実力（知識の量）が、まだ課題をこなせるほどになっていない場合は、「覚えること」をもっと基本に勉強してください。この段階では、予習はしません。

ただひたすら復習に専念して、あなたの知識量を増やすのです。

知識の量を増やすには、記憶能力を高める必要があります。そのために英単語を一日に百個以上覚えるのです。

記憶能力が高まり、頭の中に知識が蓄積されたら、今度は自分の覚えた知識をいかに応用できるかを訓練する時期に入ります。

そんな時期には、大いに課題をする意味がありますし、なんといっても、課題を楽しめるようになっているはずです。

だからどんどん課題をやりながら、勉強を楽しんでください。いろいろな問題を解くことで、たくさん身につけたあなたの知識を有効に活用し、応用する練習になります。

この段階までくれば、出題されている問題の趣旨ははっきりわかるはずですから、ほとんど完答できる状態です。それでも問題を解くのに慣れていないこともあって、つまらないケアレスミスをしたりします。

本当はわかっていたのに間違ってしまったという悔しい状態も起こります。

ですから、いろいろな問題にあたって、経験を豊富にするのです。

ほとんどの場合、学校で出される課題はいわゆる問題集ですから、いろんな問題の経験を積むという意味でも、この時期には課題にもどんどんチャレンジしてみましょう。

そしてもし、課題が簡単すぎると感じるなら、課題はさっさとすませて、自分の勉強をしてください。大学の過去問に取りかかるのもこの時期です。

合格体験記

図師 歌歩乃さん
九州大学
（大分豊府高校出身）

私は九州大学農学部に合格しました。私が合格したことに対し、学校の先生方や友だちなどはすごく驚いていました。リトルの先生方も心配してくださっていたようで報告に行ったときはすごく喜んでもらいました。なぜこのように思われたかというと、私はクラブチームでサッカーをしていたので、本格的に受験勉強を始めたのが三年生の十月からだったため、まわりの人よりかなり遅れをとっており、受験本番ギリギリまで模試の判定はDやEだったからです。それでも私が合格できたのは中学のときからリトルで頑張り続けてきたことが大きな要因だったと思います。

私は中学校に入学する春にリトルに初めて行きました。私は、中学の間に高校の英語の範囲までやってしまうというコースに入りました。高校に入ると、年上の先輩や浪人生と一緒に授業を受けていました。

そんなリトルでの面白かった勉強法の一つ目は、賞金レースです。賞金レースとは単語や長文の範囲を決めてテストをし、成績がよかった人が賞金をゲットできるというものです。賞金がほしくて頑張ろうと、いつものテスト以上にやる気が出ました。また他の人に勝ったときの達成感や負けてしまったときの悔しさが勉強する意欲につながっていきました。

二つ目は毎週先生と一対一で相談しながら計画を立てて行うテストです。リトルの先生がつくった、すごく簡単に覚えることのできる単語帳やイディオム帳は、センター試験や二次試験、私立入試の前には必ず復習すべき教材でした。私はそれらの教材を中学生の頃から徹底的に繰り返しテストしました。そのおかげで基礎力が身につき、模試で、英語はいい点数がとれていました。また、本格的に受験勉強にとりかかってからは、早稲田や慶應などの難関大の長文のテストをしました。これらのテストを毎週さぼらずにやっていくにつれて少しずつ英語力が確かなものになっていくことを感じました。

しかし、私は理系にもかかわらず理系教科が苦手で、十月の模試では偏差値が五十を下回っているような状況ですごく悩んでいました。そこで、先生と話し合い、数学、そして生物と化学はそれぞれ参考書一冊をひたすら一週間ごとに範囲を決めてテストをするというリトル方式でやっていきました。私は先生と決めた範囲をこなしていくのに必死で、寝る間も惜しんで勉強しました。すごく大変でテストでは点が低いことも何度もありましたが、一冊の参考書をひたすら覚えて完成させたとき、驚くほど問題が解けるようになっていることを感じました。リトルのやり方である、決めた一冊を完璧にこなす大切さがすごくよくわかりました。私はずいぶん勉強が遅れていたこともあり、思い切って学校のみんながやっている課題をしないようにして、先生と自分に合った計画を立てて、それをこなしていくことだけに力を注いだことがよかったのだと思います。あの時点で、勇気を出してやり方を変えて本当によかったです。

② いよいよ受験が近づいてきたら

過去問は楽しいけれど……大切なことを忘れずに

「自分は過去問を毎日解いて、ものすごく勉強しているんです。すごいでしょう」と得意になって報告にくる生徒がいます。

そんな生徒に、いつも訊く質問があります。

「それで、覚えることには、どれだけ時間を使っているの？」

この質問を受けると、多くの生徒は怪訝そうな顔をして返事ができません。

過去問を解くのは、けっこう楽しいことです。必死に覚える勉強を続けて知識が身についてきたおかげで、ある程度できるようになっていますから、「これもわかった」「ここも正解できた」とウキウキしながらどんどん進めていけます。

楽しめるようになること自体は、問題ありません。

でも、どの時点までいっても、「覚え直すこと」をしなければ、あなたの頭に知識が定着しないということを忘れないでください。

過去問を解いてわからなかったことは——その知識は今まで身につけてきた知識の延長線上にあるはずですから、肌身離さずもちまわる「覚えるノート」にしっかり書きこんで、いつもいつも見直しましょう。

覚えることをやめたら、そこで成長は止まってしまいます。

だから受験が終わるその日まで、毎日毎日覚え続けなさい。

だって私たち人間は、忘れる動物なんですから。

覚えるのをやめたら、せっかくためた知識が、どんどん減っていくだけです。

だから過去問を解いて、自己満足してはいけません。

すべてが終わるその日まで、覚え続けてください。

過去問は、志望校以外もチャレンジする

私がここで言う過去問とは、必ずしも志望大学の過去問ということではありません。

たとえば、東京大学では、英語の問題で誤り訂正の問題、あるいは一語足したり、減らしたりして、間違っている英文を正すという問題が出題されます。

また東京工業大学では、英語の長文中に日本語になっている箇所があって、そこを英訳するという問題が出されます。

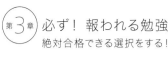

早稲田大学の法学部では、以前は使う単語を指定した英作文が出題されることがありました。このように、それぞれの大学にそれぞれの出題傾向がありますから、あなたの志望校の出題にはどんな特徴があるかは、把握しておく必要があります。

でも、それは毎年出される傾向として知っておく方がいいと言う程度のことです。いきなり、こんな問題が出て慌てふためいたということにならなければ、それで十分なのです。

こうした出題傾向への対策として、その大学の過去問を一、二年分やるのもいいでしょう。でもそれだけでは不十分です。

自分の志望する大学の過去問だけではなく、自分の行きたいレベル、またはそれより少しむずかしいくらいの大学のさまざまな問題を解いてください。

慶應に行きたい人は、早稲田も東大も京大も上智の問題にもチャレンジしましょう。

あなたに必要なのは、身につけた知識をいかに利用できて、得点に結びつけられるかという訓練だからです。

私立大学か国公立大学か、どう決める？

一般的に、国公立は授業料が安く、私立は高いというイメージがあります。

でも、実はこのイメージはとても古いもので、文系に限って言えば実際はそんなことはありません。

入学金、初年度授業料比較（経済学部での比較）

（単位：円）

大学名	入学金	授業料
国立大学	282,000	535,800
慶應義塾大学	200,000	860,000
早稲田大学	200,000	686,000
明治大学	200,000	826,000
青山学院大学	160,000	813,000

※旺文社「2019年入試対策用全国大学受験年鑑」より

たしかに五十年ほど前、私立大学の授業料は国立大学の約五倍でした。そのため、多くの人がその時代の感覚を今も引きずっているようです。

ただ、理系はやはりまだ国公立の方が安いのが現実。とくに私立の医学部や歯学部となるとかなりの授業料がかかるので、まずご両親との相談が必要でしょう。

ここで二〇一九年度の授業料を見てみましょう。

このように現在では、文系の場合、もちろん私立大学の方が授業料は高いですが、それほど大きな差ではありません。ですから「国立は安いから、国立に行った方がいい」という主張にはあまり根拠を見出せません。

しかしながら、今でも地方では国公立信仰が依然として根強く、「何がなんでも国立だ」という大人が、かなり多いのです。とくに高齢者にはそう思っている方が多いようです。

同時に、地方の高校でもこのような頑固な信仰が横行しています。

たとえば、私の住んでいる地域でもそうですが、高校のランキングを決める場合、国公立大学に何人合格したかが重要になったりします。しかも国公立大学であれば、どんなレベルでも関係ないのです。おかしな話だと思いますよね。

そんなわけでとにかく、地方の高校では国公立大学に何人合格したかがもっとも重要な評価基準になるものですから、先生方は生徒たちに国公立大学に行くよう勧めます。

でも、受験はあなたの一生の問題ですから、あなた自身が判断しなくてはなりません。あなたが判断し、決して悔いのない選択をすることが大切なのです。

さあ、では何を基準にしたらいいのでしょうか？

答えは簡単です。「どちらが合格しやすいか」が基準です。

もし偏差値がほぼ同じである場合、当然ながら条件を考えます。

たとえば、九大、東北大、大阪大その他のハイレベルな国立大（東大を除く）と、早慶のどちらを選択すべきかといった場合、あなたが考えなくてはいけないことは、どちらに合格できそうなのかということです。

「どちらが合格しやすいか」は受験科目が決め手

一般的に、国立大学は全科目を同じように勉強しなければ合格できないと思われがちですが、そうではありません。

各科目で極端に配点が違うからです。

国公立大学の配点表（2019年）

東北大学法学部

	国語	地公	数学	理科	英語	計
センター	100	100	100	50	100	450
二次試験	300		300		300	900
合計	400	100	400	50	400	1350

九州大学法学部

	国語	地公	数学	理科	英語	計
センター	50	100	50	50	50	300
二次試験	200		200		200	600
合計	250	100	250	50	250	900

今後、大学入試制度が変わっていきますが、それでも全科目の配点が同じになるということはまず考えられません。

では、周辺地域の学生のほとんどが行きたい大学のトップに挙げる、九州大学と東北大学の配点を見てみましょう。上の表を見てください。

五科目すべてが同じ配点ではないのがわかると思います。

まず東北大学の法学部を見て見ましょう。センター試験は四五〇点のうち英語、数学、国語の配点が三〇〇点、その他は合わせて一五〇点しかありません。

これはセンターの配点ですが、二次試験では、英、数、国の三教科しかなく、しかもその配点は三〇〇点の三教科であり、合計九〇〇点となります。

ということは、センター四五〇点、二次九〇〇点——合計一三五〇点のうち英、数、国の配点は一二〇〇点ということになり、理科地公の配点はわずか一五〇点ということになるわけですから、実質、理科地公の勉強などあまりしなくてもいい、ということになります。

二〇二一年から大学センター試験は大学入学共通テストに変わりますが、それでもこうした配点には、大きく変更はないのではと予想しています。

もうひとつ重大なことがあります。

それは、センター試験（一次試験）は比較的やさしいということです。

センター試験と二次試験を比べると二次試験の方がはるかに難問が多いのです。

センター試験はすべての受験生に当てた問題ということになりますから、問題のレベルはかなり低く抑えられています。

ところが二次試験は、各大学が個別につくる問題であり、大学側がこの学生にこの程度は理解していてほしいというところを出題してきますので、センター試験と比べると、かなりの難問が出題されることになります。

ですから、みなさんはまず大学を決め、そこに合わせて勉強する必要があるわけです。

そしてもし、あなたが東北大や九州大の法学部などを受験する場合は、理科地公に当てる時間はあまり考えずに、英、数、国の三教科に集中して勉強すべきでしょう。

誰でも得意、不得意がありますから、ただ偏差値だけを見るのではなく、きめ細かく自分の点を見て受験する大学を決めるべきなのです。

慶應義塾大学

	英語	地歴	数学	小論文	計
経済	200	(150)	(150)	70	420
商学部A	200	100	100		400
商学部B	200	100		100	400
法学部	200	100		100	400
文学部	150	100		100	350

早稲田大学

	英語	国語	地歴	数学	計
政治経済学部	90	70	(70)	(70)	300
法学部	60	50	40		600
商学部	80	60	(60)	(60)	900

※政治経済学部と商学部の場合は数学か地歴の選択あり

〝まんべんなく〟勉強する必要はない！

次に、私立大学の慶應大学や早稲田大学文系の試験科目を見てみましょう。上の表を見てください。

慶應大学の場合は、国語の試験がありません。国語の代わりに小論文があります。

早稲田大学では英、地歴、国語ですが、政経と商学部では数学を選択できるようになっています。

このように私立大の文系学部の場合、ふつうは英語、国語、地歴というのが一般的です。行きたい大学の配点を見比べて、東北大にするか、大阪大にするか、九大にするか、はたまた早稲田にするか、慶應にするかを決めましょう。

志望校を決める際には、「自分は九州に住んでいるから九大にする」とか、「早稲田、慶應は私立だからやめておこう」というような発想はいったん捨ててください。

もちろんご家庭の事情もあると思いますが、自分の偏差値で、どこの大学が一番合格しやすいかを一番の判断基準にすべきです。

同じレベルの大学を選ぶことが大切であって、私立であろうと国立であろうと、どちらでもいいではありませんか？　自分にとって冷静にどちらが合格しやすいかを考えればいいのです。

そして大学を決めたら、その大学の科目に集中して勉強してください。

ある生徒から先日、こんな相談を受けました。

「受験科目にはないけれど、教養として大切だから、他の科目もまんべんなく勉強する方がいいと言われたんですけど……」

そんなことを言うのは、受験を知らない大人です。教養は大学に入ってからじっくり身につければいいのです。たくさん本を読んで、新しい人にたくさん出会って学んでください。

今は、戦いのまっただ中にいるのです。まんべんなく勉強する必要などありません。

自分に必要な勉強の特訓をしてください。

覚えて覚えて覚えまくって、忘れないようにして土台を固めて、勝利を――合格を勝ち取るのです。

相撲の試合に出るのに、卓球の練習をする必要があるでしょうか？　例外もあるでしょうが、相撲で強くなりたかったら、相撲の練習に多くの時間を使うのは当然です。

受験を間近に控えた時期に、受験にない科目を勉強する必要はまったくないのです。

効率よく勉強することに集中してください。

一番合格しやすい大学を選びなさい

あなたがよく考えた末に、私立に決めたとします。

そんな場合、両親の反対にあうケースも多くあります。その理由は、私立は学費が高いという思い込みです。多くの生徒がそのことに反論できず、「本当は私立にしたいけれど……」と言いながら国公立に行きます。

もし、同レベルの国公立に合格できる可能性があるのなら、それもかまいません。

しかし、国公立にしたためにものすごくレベルを落とさなくてはならないというのなら、考え直してください。あなたには、報われてほしいのです。

たとえば、英語は偏差値七十以上あるのに、数学は三十しかない場合、受験科目に数学がある国公立を選ぼうとすると、かなりレベルを下げなくてはなりません。

それよりも、英語と小論文だけで受験できる慶應義塾大学の総合政策学部や環境情報学部にトライしてみる方が、ずっと賢明ではありませんか？

私たちが言う「一番合格しやすい大学を選びなさい」というのは、こういうことなのです。

私立への進学を親に反対されたら

大学に行く場合、ほとんどの両親はあなたの学費と生活費を全額仕送りしなくてはならないと思っています。もしすべての費用を両親が負担しなくてはならないとしたら、とても両親やきょうだいの生活は成り立たないことになります。

たとえば、学費と生活費を含めて、あなたに毎月二十万円送り、なおかつ両親の生活が成り立っていく家庭など、めったにありません。

大学を目指す場合、やはり両親の負担を考え、できるだけその負担を減らすように考えるのは当然のことです。

ここではっきり言っておきます。大学に入ったら、あなたはしっかりアルバイトをして、自分で稼ぎながら大学に行くのです。

さらに奨学金制度を利用すれば、両親の負担はものすごく軽くなります。また、2020年からスタートする修学支援新制度もぜひ検討してみましょう（詳しくは192ページを参照）。

以前、オーストラリアから来て私の塾で先生として働きながら日本の大学で学んでいた女性がいました。

その女性の両親は外交官で、かなり裕福な様子でした。そんなお金持ちの家庭ですから、「必要なお金は、少し援助してもらったらいいじゃないの？」と私が言ったことがありました。

すると彼女はびっくりした顔で「とんでもない。大学に入った後まで両親にお金をもらったりはできない。両親が裕福なのは両親のことであって、私のことではない」と言うのです。

こういった点では、日本の若者は甘やかされているように思います。その反面で、自由も抑えられているのかもしれません。

あなたが私立大を選んだとします。そんなとき両親が反対したからと言って、あなたは自分の進路を変えることができますか？ 自分で考えたあげくに選んだ道です。両親が少し反対したからと言って、そんなに簡単に変えられないのではありませんか？

そうなると、両親を説得する必要があります。

学費のことを心配しているようであれば、医学部など一部をのぞいて、そんなに差はないのだということを、資料を見てもらったうえで、きちんと説明してわかってもらわなくてはなりません。そうすれば両親も「それほど大きな違いはない」と納得するはずです。

しかし、おそらく両親としては生活費も全額送らなければならないと思っていますから、「都会は生活費が高いはずだ」と主張するはずです。

たしかに、地方よりも都市部の方が生活費は高くつきます。しかし、自分でアルバイトをして稼ぐということになれば、話は違ってきます。東京での家賃は高いですから、ラクな生活ではないでしょう。それでも実際、多くの学生がこのような生活をしています。

新しい制度を利用しよう

また、二〇二〇年四月から、大学を含む高等教育の修学支援新制度（授業料等減免と給付型奨学金）がスタートします。もしご両親の経済的事情が厳しい場合には、この制度もみなさんの進学を助けてくれるはずです。

奨学金にはそもそも、貸与型と給付型がありますが、「貸与型」とは返す必要のある奨学金のことで、「給付型」は返す必要のない奨学金のことです。

新制度における一番のビッグニュースは、「給付型奨学金」の対象が広がること。授業料・入学金もサポートしてもらえるようになります。

文部科学省の特設サイトに詳しい説明があります。http://www.mext.go.jp/kyufu/index.htm

実際に支援される金額は次ページの表のとおりです。

もし上限額に該当すれば、国公立大学の授業料と入学金は、ほぼ全額免除。私立大学の場合は、学科によって違いはあるでしょうが、だいたい四分の三程度の授業料と入学金が免除されると考えてよさそうです（表1）。

たとえば、私立大学に自宅外から通う場合には、給付型奨学金が年額約九十万円支給されます。また入学金約二十六万円、授業料が年額約七十万円を上限に減免されることになります（表2）。

表1 授業料等減免の上限額(年額) 住民税非課税世帯の学生の場合

※住民税非課税世帯に準ずる世帯の学生は、住民税非課税世帯の学生の2/3又は1/3の支援額となります。
※大学２年次以降から支援を受ける人は「入学金」の免除・減額は受けられません。

〈昼間制〉

	国公立		私立	
	入学金	授業料	入学金	授業料
大学	約28万円	約54万円	約26万円	約70万円
短期大学	約17万円	約39万円	約25万円	約62万円
高等専門学校	約8万円	約23万円	約13万円	約70万円
専門学校	約7万円	約17万円	約16万円	約59万円

〈夜間制〉

	国公立		私立	
	入学金	授業料	入学金	授業料
大学	約14万円	約27万円	約14万円	約36万円
短期大学	約8万円	約20万円	約17万円	約36万円
専門学校	約4万円	約8万円	約14万円	約39万円

〈通信課程〉

	私立	
	入学金	授業料
大学・短期大学・専門学校	約3万円	約13万円

表2 給付型奨学金の給付額 住民税非課税世帯の学生の場合

※住民税非課税世帯に準ずる世帯の学生は、住民税非課税世帯の学生の2/3又は1/3の支援額となります。

〈昼間制・夜間制〉(月額)

	国公立		私立	
	自宅生	自宅外	自宅生	自宅外
大学・短期大学・専修学校(専門課程)	29,200円(33,300円)	66,700円	38,300円(42,500円)	75,800円
高等専門学校	17,500円(25,800円)	34,200円	26,700円(35,000円)	43,300円

※生活保護世帯で自宅から通学する人及び児童養護施設等から通学する人は、カッコ内の金額となります。
(出典：文部科学省ウェブサイトより)

ご両親の世帯収入の要件によって、申請できるかどうかや支給額が変わってきますので、自分が対象になるかもしれないと思ったら、まずは申請書類をもらってみましょう。支援額を試算できるシュミレーションサイトもあるので、調べてみるのもよいと思います。

もちろん、貸与型奨学金を利用しながらアルバイトを頑張るというのも一つの方法ですが、これだけの給付が受けられたら、精神的にも経済的にもかなり余裕ができるでしょう。

新しい制度ですからまだ見えない部分もありますが、こうした選択肢が可能かどうかも検討してみる価値があると思います。

問題になるのは、両親にこうした話をしても、なかなか信じてもらえないということです。

ご両親は、これまでのあなたの生活ぶりを見ていますから、「そんな机上の空論は計画倒れするに決まっている。できるわけがない」と言うでしょう。

このときこそ、あなたの気持ちをしっかり伝えなくてはなりません。

自分がどんなに真剣に勉強してきたかを伝えてください。

そして「どうしてもこの大学に行きたいのだ。だから今まで両親が国公立大に行くために準備してきたお金で十分だ。あとは必ず自分で稼ぐから」と訴えるのです。

おそらくこう言っても、両親はまだ信じないでしょう。もしかしたら、戸惑ってどのように対処していいのかわからないでいるのかもしれません。

おそらく一回目の話し合いは不調に終わると思います。

でも、人を説得するのに、時間がかかるのは当然です。多くの学生は――交渉など経験のないみなさんたちは、「もうダメだ。わかってくれない」と怒り、そして諦めてしまいます。

でも交渉が一回で成立することなど、ビジネスの世界では逆に稀です。

一回目の交渉が不調に終わったら、時期を見てもう一度挑戦してください。

両親にも無理やりあなたの思いを押さえ込んだという心苦しい気持ちがありますから、二回目のチャンスはわりと早くやって来ます。

二回目は両親も冷静にあなたの言ったことを検討していますから、あなたの主張が理路整然としていれば、話に耳を傾けてくれるでしょう。

私立も国立も授業料はさして違いはない――また私立でもいい学校がある――地方の国立がすごくいいわけではない――こういったごく一般的な受験の常識を知ってもらうのです。

となると最後は、あなたがアルバイトをしても、また奨学金を借りてでも、本当に必死に頑張れるかということが決め手になります。

そして、それを信じてもらえるかどうかは、あなたがどれだけ本気で勉強しているかを両親に見せられるか、にかかっているのです。

両親はいつでもあなたを大切に思っていて、そして心配している存在です。だから、あなたのプランを「危うい」とは思っても、完全に却下しようとしているわけではありません。

ですから、すぐに諦めないで、粘り強く交渉する方法を覚えてください。

こんなときは、冷静に自分の思いを切々と両親に伝えることが、とても効果的です。

両親はいつでもあなたのことを「まだまだ子どもだ」と思っています。あなたが冷静に理路整然とした話をすれば、きっと両親もあなたを見直すに違いありません。

ひょっとすると、「お前も大人になったな——」と目を細めるかもしれません。

私の父も、娘である私をずっと認めてくれない人でしたが、あるテレビの番組に出演したとき、それを見ていた父親が「この子は、もうすっかり俺たちを追い越して行ったな——」と深くため息をついていたというのを、母から聞いたことがあります。

そんなとき、両親はあなたの成長を、心から喜んでいるのです。

大学は何校受けたらいい？

「大学はいくつぐらい受けるものですか？」といった質問をよくうけます。

国立大学は最大でも三校までしか受けられませんが、私立大学は多ければ多いほどいい、というのが私見です。

経済的に許されるなら、十二校以上は受けてください。

もし、来年浪人してもかまわないというのなら、滑り止めを受ける必要はなく、行きたい大学だけを受ければいいと思います。

でも浪人したくないなら、自分の偏差値に見合う大学を四〜五校と、自分の偏差値レベル以上の大学もどんどん受けることです。

とにかく行きたい大学を受けてください。

もちろん自分の偏差値以上の大学を受けても合格する可能性はさほど高くありません。

十校受けて、一校しか合格しないかもしれません。

でも最終的には、何校合格しても行ける大学は一校です。

だから一校に受かればいいのです。

私はよく、「宝くじだ」とたとえるのですが、本当に一つ当てればいいのだという気持ちで受けてください。

というのも――こんなことが少なからずあるからです。

ある生徒は明治大学と法政大学に落ちて、「仕方がない浪人しよう」と覚悟していた矢先に、慶應の法学部に合格しました。

また、明治と立教に落ちた生徒が、慶應に合格したこともあります。

彼女は明治に落ちたときに私に電話してきました。ふつうの子であれば、泣きながら「もうダメ」と言い続けるのですが、彼女は違いました。

「今まで受けてきて、自分の欠点がよくわかった。これからはその欠点をすべて総ざらいして、受験します」と言うのです。

私はそんな彼女の強さ――最後まで冷静に自分を分析できる精神力に感動すら覚えました。そしてその結果、彼女は慶應の合格を勝ち取ったのです。

どんなときも大切なのは、「絶対最後まで戦うのだ」と決心することです。

勝負は最後までわかりません。最後になって、大きなどんでん返しが待っていることが多々あります。

そして、そんなどんでん返しを生み出すのは、まさにあなたの努力なのです。

だから、できるだけ多くの大学を受けてください。

ただひとつ明確なことは——受けなければ合格もない、ということです。

受験料を惜しまないで

何校も受験したら受験料がもったいないからやめよう——という考えは捨ててください。

受ける大学を五つ増やしたとしても、一校あたり約三万五千円ですから二十万円以下です。

決して安くはありません。でも、あなたの人生がかかっています。

あなたは今、自分の人生での一大事をつかもうとしているのです。

そんなときに、わずか二十万円を惜しむべきではないと思うのです。

もし、どうしても両親を説得できなければ、両親から借りてください。そして必ず借用書を書いて、大学を卒業するまでに返すようにしてください。

受験の場合は、その時期にどうしてもお金が必要です。あなたにはまだ稼ぐ方法がないのですから、借りなくては仕方がありません。しかし、大学に合格したあとは、アルバイトもできるのですから、両親に返すことだってむずかしいことではありません。

両親には「今はどうしても稼ぐ方法がないから貸してほしいけれど、この分については必ず返済します」と約束し、本気で借用書を書いてください。

そしていったん大学に入ったら、必ず働いて、両親から送ってもらうお金はできるだけ少なくすると伝えるのです。

両親があなたの「本気」を本当に感じれば、必ず力を貸してくれるはずです。

休憩コラム　Mくんの話

Mくんは、父親と一緒に私のところにやってきました。大学入試に失敗し、浪人を考えている、ということでした。父親が私の塾のホームページを見て、「他の予備校とは全然違う、ここならいいのではないか」と考えて、彼を連れてきたのでした。

効率のいい勉強はどのようにしたらいいのか大学入試の配点、それを考えた勉強のやり方、志望校の決め方……私はいろいろなことを話しました。

浪人については、嫌だ、恥ずかしい、かわいそう、という暗いイメージをもっている人は多いと思います。でも、私はまったく逆の考えです。

浪人は、ぜんぜん恥ずかしくないし、むしろチャンスなのだ、と思っています。今は、大学を選ばなければ、どこかには入れる時代です。それなのに、もう一年、自分の行きたい大学に入るために、わざわざ努力をかってでる浪人生はすばらしい。堂々と胸をはって頑張ればいいんだと思っています。

だからこそ、絶対合格させてあげたい、と浪人生に対しては、私もとくに気合いが入ります。

私の話が終わると、Mくんのお父さんはおっしゃいました。

「よくわかりました。私は先生のお話にとても納得しましたし、ここがいいと思います。でも、実際に勉強するのは私ではなく彼ですからね」

私もそのとおりだと思いましたので、では、一度授業を体験してみたらどうか、と提案しました。当の本人はなんとなく気乗りしないような顔をしていましたが、とりあえず、体験してみるということになりました。

「お父さんも、また何かありましたら、いつでも私にご連絡ください」

そう私が言うと、お父さんは「いえ、もう私は大丈夫です。すっかりわかりました。これから一年間頑張るのは本人だし、もしこの子がここで頑張ると決めたら、親の私がしてやれることは、お金をだしてあげることだけですから、あとは本人の問題です。私が先生にお会いすることはもう二度とないと思います」と言ったのです。

「なんとすっきりしたお父さんなんだろう！　たしかに、おっしゃるとおりだけど、それにしてもふつうの親だったらもっといろいろ心配して、こんなにスパーッとはしていないのに。かっこいいなあ」と思ったのを覚えています。

そして、次の日、もう少し話をしたいとMくん本人から電話がありました。では、もう一度会いましょうということで、今度は彼一人で私のところにやってきました。そして、話をしていると、前日はほとんどだまったままだった彼が、ぽつぽつと話し始めました。

「自分は、高校三年間、部活を一生懸命やりました。勉強も、部活を引退してから、本当に必死でやったんです。それなのに、友だちは合格して僕は、僕は……」

自分なりに一生懸命、力の限りを尽くしたのにダメだったことを、この子はまだ受けとめきれていなかったのだ。だから、昨日からなんとなくやる気のなさそうな顔をしていたのだ、と私はそのときわかりました。

受験に失敗したことで、彼はすっかり自信を失って、不安になっていたのでしょう。そんな気持ちをかかえたままで、現役のときと同じように数学をやって国公立大をねらうのか、それとも、日本史をやって早慶をねらうのか、決めかねている様子でした。

私は彼が納得するまで話を聞き、勉強のやり方、受験について、いろいろな質問に答え続けました。そして、その日も彼はうかない顔で帰っていきました。

そして何日かして、また彼がやってきました。「まだ悩んでるのかな……？」と思って彼の顔を見ると、その目は、まるで別人のように晴れやかでした。

「僕は、日本史をやって早慶を目指すことにしました！　一年間、お願いします！」

そう、さわやかに彼は私に宣言したのです。それから、彼の浪人生活が始まりました。

Mくんは、かっちりとした性格をしていて、仕上げると決めたことは必ず仕上げてきました。毎週、一緒に決める一週間のメニューをテストして確認するのですが、それはいつも満点でした。彼はしっかり仕上げるために、一日のスケジュールを自分で細かく決めて、そのとおりに行動しようとしていました。

「先生、今日は六時に起きることになっていたのに、つい六時半まで寝てしまって、その三十分がなくなったおかげで、するはずだった○○ができなかったんです……」

そんなふうに本当に悔しそうに私に言ってきたときは、苦笑してしまいました。

「Mくん、あなた芸能人みたいに分刻みで行動してるんだね……」

とても彼らしいなと感じたのです。三十分寝過ごしただけで、予定がずれこんでその日は取り返せないほど、キリキリの計画で勉強しているということですから、その話には彼のストイックさがよく表れていました。

日本史については、ただ語句を覚えるだけでなく、いつも深く理解をしようとしていました。「流れを理解するためには、教材だけでなく、日本史の本をいろいろ読んだ方がいいよ」という私のアドバイスを素直に実践しようとして、図書館に通っては、日本史関係の本を借りてきて、毎日、日本史読書の時間をつくっていました。

少しでも勉強時間を確保するため、睡眠時間を削る毎日だったのに、彼は浪人中の一年間に二十冊近くの日本史の本を読んだのです。

このように、熱心に勉強する彼でしたが、やはり、成績はすぐに上がったわけではありませんでした。模試で思うような点が取れないときは、帰る前に職員室にやってきて、思いつめたような顔をして「先生、僕には何が足りないんですか?」と、迫ってきました。

彼が勉強する姿勢はすばらしかったので、きっと成績は上がると私は確信していましたが、そうは言っても、実際に上がるまでは、本人はどうしても不安になることもあります。

ときには、彼の目にきらりと光るものが見えることもありました。そんなとき、彼はぐっとこらえて唇をかみ、「さようなら」と言ってぱっと職員室を出ていきました。その後ろ姿を見送りながら、「合格はいつも悔し涙の向こうにある、この子はきっと合格するだろうな」と私は思っていました。

そして、またやってきた受験の季節……浪人生たちからの吉報を待つ私に、ある日電話がなりました。Ｍくんでした。

「先生、合格しました！　合格しました！　ありがとうございます、本当によかった……」

電話口から聞こえる彼の声は、震えていました。その声に、「おめでとう！　頑張ってよかったなあ。ほんとにおめでとう！」と答えながら、一年間のいろいろなことが思い出され、私の目からも思わず涙がこぼれたのでした。

合格体験記

森 一隼さん
慶應義塾大学
（大分舞鶴高校出身）

僕は浪人の一年間をリトルで過ごしました。僕が慶應義塾大学に合格することのできた一番の理由は、つねに結果を出すことを心がけ、「もうこんなもんでいいか」をやめたことだと思います。

リトルでは一週間ごとに、先生と話して一人ひとりの勉強の計画を立てます。そしてそれを毎週末にテストをするのですが、僕はここでつねにいい点数をとれるように準備して臨むようにしました。日本史も絶対に一番をとるつもりで準備して臨むようにしました。

その中で気づいたのは、自分の勉強したぶんがそのまま点数に出るということです。点数が出ないのはそのテストに対する自分の勉強が甘いせいだと思うようになりました。だから正直、結果の出ないときはとても悔しかったです。「自分はやっているのに」と心の中では思っても、「いや、結果が出ないのは、まだ勉強が足りていないからなんだ」と自分に言い聞かせるのは、とても苦しかったです。

そしてもうひとつ僕が意識したのは、いろんな方のアドバイスを聞いて自分のものにすることです。自分のやり方にこだわらず、うまいやり方はなるべく取り入れるようにしました。夏にある先輩から教えてもらった方法のおかげで、日本史にも自信がもてるようになりました。

リトルの英語で僕が一番役に立ったと思ったのは、リスニングです。これは聞こえる英語をひたすら声に出して言うのです。そして、無理やり覚えるのではなく、自然と覚えてしまうくらいまで繰り返します。

聞こえる英語を頭の中で訳せるくらいまでしないと意味がないので最初は大変ですが、後になればよかったなときっと思えるので、嫌がらずにやってもらいたいです。

リトルの先生の言葉で一番心に残っているのは、「自分の能力を上げないと、飛躍的な成績の伸びはない。一流大学には合格しない」という言葉です。では、なんの能力を上げるかというと、やっぱり記憶力だと思います。

最初は大変でも我慢して続けていくことで、必ず記憶力は上がるし、長く覚えていられるようになります。そして、少ない量を一生懸命覚えるのではなく、なるべく多い量を一生懸命覚えることが大事だと思います。

僕が慶應義塾に合格したのも両親、先生、いろんな方の支えのおかげだと思います。とくに両親には慶應義塾か早稲田大学に合格することで恩返しができるとずっと思っていたので、合格を勝ち取ることができてよかったです。

苦しいときの方が多かったのですが、最後まで諦めずに自分のやってきたことだけを信じて合格でき、一生の誇りにすることができました。この合格は僕一人では達成できませんでした。支えて、応援してくれた人のおかげです。本当にありがとうございました。

実践付録
2

絶対合格するための塾・予備校の選び方

【塾に何を期待すべきか】

どんな塾を選ぶべきか――ということを考えるより、そもそも塾に通う必要があるのか――を考えてください。

あなたは塾に何を期待しますか？

もし、あなたがその塾に行ったら、すごく勉強する気持ちになるというのなら、塾に通うことは重要なことです。

私の塾には、「ここで話を聞いたときはすごくやる気になるのだけど、二、三日ここにこないとやる気がなくなってきて、また元の生活に戻るんです」という生徒が多くいます。

ご両親たちからも「うちの子は、先生のところから帰って来た瞬間は、ものすごくやる気になっているんですけど、一週間もしないうちにもうすっかり忘れて遊びほうけているんですよね」とよく言われます。

通常、人間が自分の決心どおりに勉強できるのは、どんなに意思が強い人でも三か月以内だと言われています。

これは、その決心が自分の人生を左右するほど重大だと明確にわかっている場合でも――そんな人でも三か月程度で努力しなくなるというのです。

ましてや、まだ人生をようやく考え始めたばかりのようなみなさんが一週間しか続かないとしても、ごく当たり前なのです。

そんなとき、自分は意志の弱い人間だと卑下する必要などありません。その程度しか続かないのが当然なのです。

今までとは変わって急に勉強し始めた生徒に、そのきっかけを聞いたことがあります。

ほとんどの人は、「こんな自分でもやればできるのだ」と感じたとき、変わるのです。

多くの生徒は「自分がやっても無駄だ、どんなに勉強しても、さほど成績は上がりはしない。だから勉強しても仕方がない」と感じています。

しかし、「自分にも可能性があるかもしれない」そう感じられたとき、人は本気になるのです。

だから、このようなきっかけをつくってくれる塾には、今すぐ通っても損はありません。

【塾に行くのは勉強名人になるため】

今あなたが勉強しているのに、あまり成績が伸びない、いや伸びそうな気がしない。どこかやり方が違うのではないか——と感じるのなら、すぐに塾を探してください。

もし、あなたが有名な進学校に通学していたとしても、そこで成績が伸びない、こんな勉強方法で伸びるのだろうかと感じるなら、今すぐもっと効率的な勉強法を教えてくれそうな塾を探すのです。

学校にはいろいろな先生がいます。先生方がすべて勉強名人になるような方法を教えてくれるわけではありません。いい先生もいるでしょうし、部活にばかり熱心で、教えることにさほど熱心でない先生もいるかもしれません。

みなさんはそんな先生を無意識に区別しています。先生にランク付けをするのはとんでもない行為だと思う人もいるかもしれませんが、しかしこれは自然な成り行きです。

もう大人の仲間入りをしているみなさんには、どの先生が教えるのに熱心で、どの先生が熱心でないのかぐらいはすぐにわかるでしょう。だから選別してしまうのは、仕方のないことなのです。

でも、ここで勘違いしてはいけないのは、いい先生であるかどうかと、勉強名人になれる方法を教えてくれる先生であるかどうかは別だということです。

どんなに人柄がよく親切で、あなたたちに協力的でも、だからといって、その先生がうまい勉強方法を教えてくれるとは限りません。

受験に限って言えば、あなたが求めるべき先生は、効率的な勉強法を教えてくれる人です。だからまずは、うまい勉強方法を教える先生を見分ける目をもたなくてはなりません。

見分け方は簡単です。

〈先生の言っていることが、あなたの心にぴったり来るかどうか〉で決まります。

「まさに、この先生の言うとおりだ。今まで自分がしていた勉強方法は、なんとなくしっくりこなかったけど、自分が求めていたのはこの方法に違いない」と気持ちにぴったりとくるときがあります。そのときこそ、あなたが正しいやり方に出会ったときなのです。

いい先生がみつかったら、すべてその先生の言うとおりにしてみることです。

以前こんな生徒が何人かいました。

「自分はどうしてもこの大学に合格したい。だからどうしたらいいかすべてを教えてほしい。そしたら私はそのとおりにします！」と言うのです。

ここまでお願いすれば、先生は必ず本気になって勉強方法を教えてくれるはずです。


【授業では間違えてなんぼ】


塾選びの話からはズレますが、ひとつここでみなさんにお伝えしておきたいことがあります。

私の塾でも、授業では小さい声で答える生徒がほとんどです。

「聞こえないからもっと大きな声で答えてね」と言っても、さらに小声で答える生徒が大勢います。

間違った答えをみんなに聞かれたら恥ずかしいから、自信のないときは小さな声で答えておこう。そんな気持ちがあるのだと思います。

しかし、考えてもみてください。

今、授業中に間違っても、本番の入試で正解を出せればいいのです。

むしろ、授業では間違えてなんぼです。みんなの前で間違えて恥ずかしい思いをしても、そのおかげで、一生正解を忘れることがなくなるのですから。

【映像の授業は面白いけれど……】

大手の予備校などでは、有名な先生の授業を中継して映像で見るという方法も導入されています。授業に定評のある先生ばかりが取りそろえられているわけですから、そうした映像での授業はわかりやすいものが多いでしょう。

ただ、そこでわかった気になって終わってしまっては意味がありません。

知識を自分のものにする作業は、自分で進める必要があるからです。

そんなわけで、まったく初めて取り組む教科を学ぶ場合は、映像から入っていくのはいい方法だと思います。しかし何度も繰り返して覚え込もうとする段階では、やはり紙の教材の方がはるかに取り組みやすいのです。

たとえば、映像では一度見失ったところを探そうとする場合、探し出すのに時間がかかりますが、紙の教材だったら、すぐにその部分が見つかります。

また、即座に質問ができないのも、映像授業の難点です。

もっとも効率のいいのは、わかりにくいところを質問しながら自分でどんどん進めて解決していく勉強方法です。

だから映像授業を活用する塾の場合にも、実際に質問できる先生を確保できるかどうかが大切になります。

【大手かどうかは関係ない】

ここでもうひとつ、生徒の話を取り上げましょう。

彼は医学部を目指していました。都会の有名な予備校で一年浪人生活をしましたが、結局不合格でした。

「寮に入って二年間も浪人するなんて金銭的にも許されないから、地元で浪人をしよう」ということで、私のところを訪ねてきたのです。

彼と初めて会ったとき、「一年間で五回繰り返さなくては、知識は定着しない」ということを繰り返し説得しました。最初は「うんうん」と聞いていた彼が、いよいよ実際に計画を立てる段階になって、驚いた顔つきに変わっていきました。

彼の場合は医学部志望ですから、とりあえず英語はかなり軽い負担にして、おもに数学、化学、物理を五月の初めまでにひととおり仕上げるという計画にしたのです。

通常、大手予備校は授業を四月の終わり頃から始めますが、私たちは三月からでも始めます。彼がきたのは三月の初め頃でしたから、約二か月後の五月の十日までに一回仕上げるという計画にしたのです。

この計画のスピードには彼もやや当惑していましたが、「でも、あなたには後がないでしょ」と言うと「ですよね」ということで、勉強がスタートしました。

約二か月で仕上げるということは、一週間にどれだけやればいいのかは明白です。

彼の場合は、数学にしろ物理化学にしろ、すでに最後までやっているのですから、一冊分を約十週間に分ければいいのです。そうすれば、一週間で仕上げなければならない量が決まってきます。

これは言うのは簡単ですが、実行するのは相当むずかしいことです。しかし彼はこの計画をなんとかこなして、一週間も遅れることなく進行していきました。

ちょうど半分程度が終わったとき、一緒に食事をしながら、これまでのことや今後のことを話し合う機会をつくりました。

そのとき、彼がこう言ったのです。

「今まで、学校でも予備校でも予習復習をしっかりやってきました。それが勉強だと思っていたんです。ここにきて、そんなことは勉強ではなかったと思い知らされました。はじめは、こんな計画ができるはずない、無茶だと思ったけれど、やってみたらなんとかできるものだとわかったんです。今では、やればこんなことが可能になるんだとびっくりしています。これが本当の勉強なんだとわかりました」

もちろん、彼はこの二か月の間、何度も徹夜したでしょうし、食事をする以外の時間は勉強に費やしていたことでしょう。

スタートした当初、彼の目は不安でいっぱいで、何か訴えたいといった様子もありました。しかし、だんだん自信をつけてきたのか、その後、「これが本気の勉強方法だ」と理解してくれているようです。

勉強とは、計画を立て、それを実行していくことです。

これは、勉強が特殊なことではなく、何か物ごとを仕上げるのと同じであるということを意味しています。

ご両親は「勉強のことはよくわからない」と言うかもしれません。しかし、大人というのは、物ごとを仕上げるにはどうしたらいいのかを十分に知っています。

受けた仕事を途中で放り出したり、締め切りまでに仕上げないですませてしまうことなど、大人の世界では許されないからです。

最終的には仕上がるよう、自分の生活をマネージメントするのが当然なのです。

つまり、計画して、実行して、結果を出すということです。

予備校も塾も、ただ通って授業を受けていれば大学に合格できるわけではありません。

あなたにとって正しい勉強計画を考え、勉強し続けることを後押しし、支えてくれるところを選んでください。

あとがき　最後にこれだけは――

去年の秋、なんとなく体調の悪い日が続いていました。

「少し疲れているのかな？　モリモリ食べてぐっすり眠れば、いつものようにすぐよくなるはず」と思いながら、毎日仕事を続けていました。

しかし体調はなかなか快復せず、「きっと気のせいだ……」とごまかしつつ過ごしていたのですが、ある日我慢ができなくなって近くの病院に行ったところ、大きな病院にそのまま救急車で運ばれることになりました。

予想もしていなかったことだったので、「困ったなあ、これじゃあ明日の授業できないかもなあ……」などと考えていると、なんと「すぐ手術しましょう」という展開が待っていたのです。

とは言え、手術後は四〜五日で退院でき、体調もよくなったわけだし、むしろよかったんだと思っていました。

術後の経過を診てもらうためにしばらく通院し、そろそろ問題ないだろうという頃でした。ある日、診察室に入ると、先生がまじめな顔で、こう言ったのです。

「この間、手術をしたときにとった組織を一応、検査に出しておいたんだけどね。あれはガンだったことがわかりました」

（え!?）

私は自分の置かれた状況を、一生懸命落ち着いて理解しようとしました。

でも、驚きと不安で、どうしたらいいかわからなくなったことを覚えています。

家族に病院までついてきてもらい、先生と相談して、すぐに化学療法を始めることになりました。

「悲しんだって、ガンになったのは仕方ないんだ。覚悟を決めるしかないんだ」と思う気持ちと、「何かの間違いだったとか、実は夢だったとかならいいのになあ。明日の朝になったら、ガンがなくなってたらいいのにな……」という逃げ出したいような気持ちが、心の中にかわりばんこでやってきました。とても不安になって、涙もたくさん出ました。


そのとき、私はある大切な友だちのことを自然と思い出していました。

彼女は麻夕子さんといいます。麻夕子さんは私よりも年上で、お姉さんのような存在でした。

彼女は高校生のときに突然、原因不明の病気にかかり、長期入院を余儀なくされ、結局高校を中退せざるをえなくなりました。それでも、彼女は、当時まだ珍しかった高校卒業認定の試験を受け、大学入試に挑戦することにしたのです。

勉強を頑張っていた頃、彼女は、「奇跡的な完治」と言われるほど体調がよくなり、早稲田大学に合格しました。かなりの美人なのに、気取らず、面白いことを言って人を笑わせる彼女は、どこにいてもみんなの中心にいる人でした。

しかし、病気が再発し、また入退院の繰り返しとなり、大学に通うこともできなくなっていったのです。

彼女は病気のせいでやりたかったことを次々とあきらめざるをえない状況でしたが、いつも前向きに、人生を自分で切り開こうと資格試験にチャレンジしていました。でも入院のたびに「勉強がまた遅れてしまう」と言って残念がっていたのを覚えています。

彼女が入院すると、休みのたびに病院に会いに行きました。

お見舞いに行くというより、彼女と話すのが楽しくて通っていたのです。

ある秋の日、彼女の体調が悪くなりました。

「麻夕子さん、今は調子が悪いようだけど、すぐよくなって、また一緒に楽しく過ごせるはず」と私は軽く考えていました。

「調子がよくなったら、一緒にあのお店に行こう！」「おいしいものをいっぱい食べに行こう」

二人でいろいろと一緒に本を見ながら計画して、楽しみにしていました。

でも、なぜか今回は、なかなかよくなりませんでした。

そして、彼女がずっとベッドで過ごすようになってしばらくした頃、私が寝ている彼女の横に座って話していると、彼女がぽそっとこう言いました。

「私、また歩けるようになるのかなぁ……」

「歩けるようになるに決まってるよ、何言ってるの？　もう、変なこと言わないでよー」

そう笑いながら言った私も、彼女が弱音を吐くのをはじめて聞いたので、内心すごくびっくりして、もしかしてこれは大変なことなのではないかと急に不安になりました。

なんだか、ものすごく怖くなったのです。

しかし、よく考えてみれば、それまでもずっと、彼女の病気は大変なことだったのです。高校生で発病してから十五、六年、彼女はいつも、生きるか死ぬかのギリギリのところにいたのです。彼女の明るさがまわりの人にそう思わせなかっただけなのです。

私がお見舞いに行った二日後、筆まめな彼女から手紙が届きました。

「今週も遊びにきてくれて楽しかった！　ありがとう！」と書いてあり、それから病院での出来事についても書かれていました。

退屈でつまらない入院生活も、彼女はできるだけ楽しもうとしていました。

置かれた状況にどんな制約があっても、自分にとって不利であっても、それでもそこで最大限に幸せになろうとしていたのです。

ここに少しだけ、彼女の手紙を引用します。

Qちゃん
お見舞、どうもありがとう。無事帰ったかな？　Qちゃんを見送って部屋に帰る途中、デイルームでつかまって、それから十二時まで先生たちも一緒になって〝大貧民〟で盛り上がったのでした……。血圧上がって、もー大変！
今回は病棟にたくさんお友だちがいます。今までは入院しても患者同士で親しくなることはあまりありませんでした。わけのわからない人（失礼！）と付き合いたくないというのもあったけど、第一の理由は皆、結構大変な病気でしょ。将来、皆治って元気になるんならいいけど、そうでないときが怖いし、自分自身も不安になったりするからなの。

前（ずいぶん前だけど）入院したときにやっぱり白血病の人（二人とも十九歳とか二十歳だった）と少し知り合いになってね。私が退院した後、半年くらいして外来で病棟のクラークさんにばったり会ったの。「あの子たち、どうしてる？」ってきいたら、そのクラークさんがボロボロ泣き出して、「二人ともダメだったのよ……」って。それ以来、なんだかすごく怖くなってしまったんでした。

今、白血病で入院してる人たちも皆、とってもきちんとした人たちなのに、どうしてこんな病気になってしまうんだろう……とつくづく思います。世の中、自分の人生に不まじめな人はいっぱいいるのに……。本当に不公平よネ……。

麻夕子さんは、それからしばらくして亡くなりました。

「どんなに自分がつらいときでも、決してつらそうな様子を見せず、いつもみんなを笑わせて楽しくさせて、若いのにとても立派な方でしたね」

看護師さんたちはみんな、そう彼女のことについて話していたそうです。

つらいことがあっても、ただ「つらい、つらい」と嘆くのではなく、自分の力ですぐに解決できないならば、まずはそれを受け入れること。

そして、それを抱えたままでも、いかに楽しく幸せになることができるかが、大切なんだ。

もう亡くなって何年もたちますが、彼女は改めて私に教えてくれたのです。

人生には思いがけないことが起こります。

しかも、心の準備をする時間が与えられることなどありません。

どんなに幸せそうに見える人でも、それぞれに何か大変なことを抱えながら、その中で最大に幸せになろうと精一杯生きているのです。

私も突然、思いもかけない病気になりましたが、自分であることには何も変わりがないですし、病気になっただけで一気に不幸な人になってはたまりません。

どんな状況でも、いつも明るく、前向きだった麻夕子さんのように、これからの自分の人生を、自分で楽しくしていかなければ！　と心に決めました。


私は塾の先生をしていますが、この仕事が本当に大好きで、ものすごく大切です。

だから今回も、化学療法を受けながら授業を続けました。毎回、入院はなるべく短くしてもらい、点滴を抜いてもらったら、そのまま帰ってすぐ授業、というような生活を続けました。

「無理せず、仕事なんか休んで、治療に専念したらどうか」

そう言ってくれる人もたくさんいましたが、逆に、私は仕事を続けたからこそ、体はきつくても、楽しくしていられたのだと感じています。

何よりも生徒のみんなと毎日一緒に過ごせることが嬉しくて、ありがたかったのです。

「Q先生でなければダメなんです」

そう言ってくれる生徒がたくさんいて、必要とされる場所があり、やりたいこと、やるべきことがある私は、「めちゃくちゃラッキーな人間だなあ、幸せなやつだなあ」と今、心から感じることができるのです。

最後に、あなたにどうしても伝えたいことがあります。

「頑張る人は報われてほしい。だからこそ、勉強をする前に、必ず考えて、効率のいいやり方を選んでほしい」

私はいつも、そう思っています。しかし、たとえ最高のやり方をしたところで、今日やって、明日成績が上がるほど大学入試は簡単なものではありません。

努力しているのに、なかなか成績が上がらないとき、結果がなかなか出ないときは、「こんな勉強をしても無駄なんじゃないか」「私の頭が悪いから、勉強しても成績は上がらないんじゃないか」と、誰でも不安になります。

いろいろ文句を言ったり、人のせいにしたりしていじけたくもなるでしょう。

それでも努力を続けなければならない、そこがつらいのです。

勉強そのものが大変なのではなく、不安になりそうな自分、投げ出しそうな自分をぐっと抑えて、前を向いてコツコツと続けることが大変なのです。

でも、あなたが今「頑張れること」。

それ自体が幸せなことなのだということを、ぜひ忘れないでください。

決して途中で投げ出してはいけません。

途中でやめてしまったら、せっかくの努力が無駄になってしまうのです。

もうちょっとだけ、もうちょっとだけ頑張ったら、苦労して頭に入れた知識の全部がつながって、あなたの成績が飛躍的に伸びる日がやってきます。

その日がくるまで、前向きに、自分で自分を奮い立たせて頑張るのです。

あなたはそれができる人なのです。大丈夫！　頑張れ！

【著者プロフィール】

眞上 久実（まがみ・くみ）

大分県の学習塾「リトルアメリカ教育センター」塾長、慶應義塾大学文学部卒。

リトルアメリカ教育センター大分校の開校に学生時代からかかわり、大学卒業後に大分校を任される。かつての自分と同じように、成績が下がるばかりで悩む受験生たちに効率よく勉強して合格を手にする方法を伝授している。１年で偏差値を15〜20アップさせ、地方の小規模塾でありながら、有名大学に数多くの卒業生を送り込んでいる。

著書に『フロウンうんち英単語帳』『フロウンうんちイディオム帳』がある。

趣味はキャッチボールと食べること。２児の母。

リトルアメリカ日記
http://littleamerica.junglekouen.com/

必《かなら》ず！　報《むく》われる勉《べん》強《きょう》法《ほう》

頭《あたま》の使《つか》い方《かた》もスポーツと同《おな》じ、「鍛錬《たんれん》」すれば上達《じょうたつ》する！

2019年12月20日　発　行　　NDC376.8

著　者　眞上久実《まがみくみ》
発行者　小川雄一
発行所　株式会社 誠文堂新光社
〒113-0033 東京都文京区本郷 3-3-11
［編集］電話 03-5800-5779
［販売］電話 03-5800-5780
https://www.seibundo-shinkosha.net/
印刷・製本　プリ・テック株式会社

ISBN978-4-416-92002-2